ODETTE BLED, EDOUARD BLED
Lauréats de l'Académie française

avec la collaboration de
HENRI BÉNAC

GUIDE
D'ORTHOGRAPHE

HACHETTE

D'Édouard Bled

Mes écoles

Roman d'une famille, de l'école, d'une époque.
Ouvrage couronné par l'Académie française.

Prix Fabien 1979

- Édition Robert Laffont, collection « Vécu ».
- Hachette, Livre de Poche.

D'Édouard et Odette Bled

« *J'avais un an en 1900* »

Une rue, un quartier, une enfance, une adoles-
cence, toute une vie marquée par les événements
souriants et exaltants ou douloureux et tragiques
d'une très longue trajectoire d'Histoire.
Chroniques d'un siècle où chacun retrouve des
échos de sa propre vie.

- Fayard.

ISBN 2.01.010144.8

Avant-propos

Cet ouvrage est destiné à tous ceux qui, bien que n'étant plus des débutants, ont encore une orthographe mal assurée : élèves du premier et du second cycle, étudiants, adultes préparant divers concours, ou obligés, par leur profession, à rédiger correctement des textes. Enfin, utile à tous, ce Guide d'orthographe a sa place dans toutes les familles près d'un dictionnaire comme livre de référence.

Aux trois parties traditionnelles : orthographe grammaticale, conjugaison, orthographe d'usage, nous en avons ajouté une quatrième qui se rapporte au langage.

Dans cette partie, intitulée **Orthographe et langage**, on trouvera des remarques simples qui permettront d'éviter les fautes les plus grossières de vocabulaire et de grammaire.

Dans les cas où les principaux dictionnaires ne sont pas d'accord sur l'orthographe, nous avons suivi le dictionnaire de l'Académie française.

Les auteurs.

PREMIÈRE PARTIE

ORTHOGRAPHE GRAMMATICALE

CHAPITRE 1

LES SIGNES ORTHOGRAPHIQUES

I. La ponctuation

• **La ponctuation précise le sens de la phrase.**

La **ponctuation** sert à marquer, à l'aide de signes, les pauses et les inflexions de la voix dans la lecture ; à fixer les rapports entre les propositions et les idées.

Les principaux signes de ponctuation sont :
le point, le point d'interrogation, le point d'exclamation, la virgule, le point-virgule, les points de suspension, les deux-points, les guillemets, le tiret, les parenthèses.

1. Le point marque une grande pause dans la lecture. Il indique la fin d'une phrase. Il se met aussi après une **abréviation** :

▶ La nuit toucha la forêt. Les sapins relevèrent leurs capuchons et déroulèrent leurs longs manteaux. De grandes pelletées de silence enterraient le bruit du torrent. Une buse miaula. (J. GIONO.)

▶   C.Q.F.D.   T.C.F.   N.B.
    Ce qu'il fallait démontrer. Touring Club de France.   Nota bene.

2. Le point d'interrogation se place à la fin des phrases qui expriment une demande :

► Quel esprit ne bat la campagne ? (LA FONTAINE.)

► Quand nous reverrons-nous ? et nous reverrons-nous ?
O maison de mon père. (CH. PÉGUY.)

3. Le point d'exclamation se met après une interjection ou à la fin d'une phrase qui exprime la joie, la douleur, l'admiration, etc.

► Je répare les tableaux anciens. Oh ! les vieux maîtres ! quelle âme ! quel génie ! (A. FRANCE.)

► O rage ! ô désespoir ! ô vieillesse ennemie ! (CORNEILLE.)

Attention : la phrase impérative se termine par un point, et non par un point d'exclamation.

► Va, cours, vole et nous venge. (CORNEILLE.)

4. La virgule marque une petite pause dans la lecture, entre des éléments semblables, c'est-à-dire de même nature ou de même fonction dans la phrase, qui ne sont pas unis par l'une des conjonctions de coordination **et, ou, ni.**

● **La virgule s'emploie pour séparer :**

a/ Les sujets d'un même verbe :

► Les veaux, les jeunes volailles, les agnelets batifolaient. (L. HÉMON.)

b/ Les épithètes d'un même nom, les attributs d'un même nom ou d'un même pronom :

► Il criait d'une voix longue, confuse, croissante. (A. DE VIGNY.)

► L'homme était petit, trapu, rouge et un peu ventru. (MAUPASSANT.)

c/ Les compléments d'un verbe, d'un nom, d'un adjectif :

► Je craignais ses remontrances, ses railleries, ses objurgations, ses larmes. (A. FRANCE.)

► Elle s'approcha de l'oiseau mort. Il avait la couleur des prés, des bois, du ciel, des ruisseaux et des fleurs. (J. GIONO.)

► Elle entrait, en revenant de promenade, riche de chèvrefeuille sylvestre, de bruyère rouge, de menthe des marécages... (COLETTE.)

d/ Les verbes ayant le même sujet :

► Les hirondelles se jouaient sur l'eau, au tomber du soleil, poursuivaient les insectes, s'élançaient ensemble dans les airs, se rabattaient à la surface du lac. (CHATEAUBRIAND.)

6

e/ Les propositions de même nature, plutôt courtes :

▶ Dehors, le vent soufflait, les girouettes tournaient, la pluie fouettait les murs, les volets claquaient. (ERCKMANN-CHATRIAN.)

f/ Les mots mis en apostrophe ou en apposition :

▶ Enfants, vous êtes l'aube et mon âme est la plaine. (V. HUGO.)

▶ Au bruit de la porte, une femme, Sophie, la servante, venait de sortir de la cuisine. (E. ZOLA.)

g/ Les propositions intercalées ou incises :

▶ Donnez-moi, dit ce peuple, un roi qui se remue. (LA FONTAINE.)

▶ Monsieur Chotard, je l'avoue, monsieur Chotard aidé de Tite-Live, m'inspirait des rêves sublimes. (A. FRANCE.)

h/ Une succession d'éléments semblables reliés par les conjonctions de coordination **et, ou, ni** utilisées plusieurs fois :

▶ Et l'un offrait la paix, et l'autre ouvrait ses portes,
Et les trônes, roulant comme des feuilles mortes,
Se dispersaient au vent. (V. HUGO.)

▶ Sur ce chemin de l'océan, on n'aperçoit ni arbres, ni villages, ni tours, ni clochers, ni tombeau. (CHATEAUBRIAND.)

● **On ne sépare jamais par une virgule :**

a/ Les pronoms relatifs **qui** et **que** de leur antécédent, sauf quand la proposition subordonnée peut être supprimée sans altérer le sens de la phrase :

▶ Des pigeons qui picoraient le pain qu'un promeneur leur avait jeté prirent leur vol. (A. GIDE.)

Mais :

▶ J'espérais que l'admiration, qui rend l'homme meilleur, les disposerait à me restituer quelque chose. (E. ABOUT.)

b/ Une proposition subordonnée complément d'objet :

▶ On dirait que la plaine, au loin déserte, pense... (A. SAMAIN.)

5. *Le point-virgule* marque une pause moyenne dans la lecture. Il sert à séparer dans une phrase :

a/ Des propositions liées plus ou moins étroitement par le sens :

▶ Un écureuil a écorché les hautes branches du bouleau ; une odeur de miel vient de descendre. (J. GIONO.)

b/ Les parties semblables ou les propositions d'une certaine longueur dont les éléments sont déjà séparés par des virgules :

▶ Je me trouvais triste entre les rideaux de mon lit ; je voulais me lever, sortir ; je voulais surtout voir ma mère, ma mère à tout prix... (P. LOTI.)

6. Les points de suspension, toujours au nombre de trois, indiquent que la phrase est inachevée, marquent une interruption causée par l'émotion, la surprise, l'hésitation... ou un arrêt voulu dans le développement de la pensée pour mettre en relief certains éléments de la phrase :

▶ « Messieurs et chers administrés... Messieurs et chers admi... Messieurs et chers... » (A. DAUDET.)

7. Les deux-points annoncent :

a/ Les paroles de quelqu'un :

▶ Zadig disait : « Je suis donc enfin heureux ! » (VOLTAIRE.)

b/ Une énumération :

▶ Tout cela était beau de force et de grâce : le paysage, l'homme, l'enfant, les taureaux sous le joug... (G. SAND.)

c/ Une explication, une justification :

▶ Excusez mes lenteurs : c'est tout un art que j'expose. (A. FRANCE.)

8. Les guillemets s'emploient pour encadrer :

a/ Une citation, les paroles de quelqu'un, une conversation :

▶ Ce jour-là était un très beau jour de « l'extrême hiver printanier », comme dit le poète Paul Fort. (G. DUHAMEL.)

▶ Broudier cria : « Hé ! Bénin, je descends ! » (J. ROMAINS.)

b/ Une expression ou un terme qu'on veut mettre en valeur :

▶ Malgré l'opposition de M. Paul, qui voulait que je m'allasse coucher, j'entrai dans ce que j'appellerai, en vieux langage, « la librairie », et je me mis au travail... (A. FRANCE.)

9. Le tiret

a/ Il marque le changement d'interlocuteur :

▶ « Reste-t-il du pain d'hier ? dit-il à Nanon.
— Pas une miette, monsieur. » (H. DE BALZAC.)

b/ Il sert à détacher un élément de la phrase pour le mettre en valeur, à renforcer une virgule :

▶ Soulever, pénétrer, déchirer la terre est un labeur — un plaisir — qui ne va pas sans une exaltation... (COLETTE.)

▶ Puis, tout à coup, on commençait des courses folles, — très légères, en petits souliers minces... (P. LOTI.)

10. Les parenthèses servent à isoler une idée, une réflexion qui pourraient être supprimées sans altérer le sens de la phrase :

▶ Pour faire un bon facteur (il y a facteur et facteur, c'est comme dans tout), il faut savoir des choses... (M. AYMÉ.)

II. Les accents

Les accents sont aussi importants que les. lettres.
Il y a trois accents :

1. L'accent aigu (´) qui se met sur la lettre **e** et lui donne la prononciation de **e** fermé :

▶ épingle, général, satiété, lévrier.

2. L'accent grave (`) qui se met :

a/ Sur la lettre **e** et lui donne la prononciation de **e** ouvert :

▶ crème, lumière, trèfle, lèpre.

b/ Sur **a** ou **u** pour distinguer certains homonymes :

▶ à (*préposition*), a (*verbe* : il a) ; là (*adverbe*), la (*article défini*) ; çà (*adverbe*), ça (*contraction de* cela) ; où (*adverbe*), ou (*conjonction* : ou bien).

3. L'accent circonflexe (^)

a/ Marque souvent la disparition d'une lettre (surtout **s**, parfois **e, a, u**) qui ne se prononce plus, mais a déterminé la prononciation de la voyelle qui porte actuellement l'accent :

▶ forêt (forest), sûr (seür), ôter (oster), âge (eage *ou* aage) ;

b/ Mis sur la lettre **e,** il lui donne la prononciation de **e** ouvert :

▶ chêne, être.

c/ Mis sur **a, i, o, u,** il rend ces voyelles longues (plus nettement pour **â** et **ô** que pour **î** et **û**) :

▶ bateau, bâton ; cime, abîme ; polaire, pôle ; chute, flûte.

d/ Il permet ainsi la distinction :

— entre homonymes :

▶ mur (*nom*), mûr (*adjectif*); sur (*préposition*), sûr (*assuré*);

— entre certaines formes verbales :

▶ il chanta (*passé simple*); qu'il chantât (*imparfait du subjonctif*).

4. La règle de l'accent

a/ On ne double pas la consonne qui suit une voyelle accentuée (sauf dans châssis et les mots de sa famille) (voir aussi p. 157 : cas où il est impossible de doubler la consonne) :

▶ bâtir, hérisson, prophète.

Il faut **lever immédiatement la plume** pour mettre l'accent sur la voyelle, avant d'écrire la consonne qui suit.
Ainsi, dans **bâtir,** si l'on met **immédiatement** l'accent circonflexe sur la lettre **â,** on sait qu'il ne faut qu'un **t.**

▶ affûtage	flûte	piqûre	gîte	intéresser	faîte	voûte
brûler	mûrir	appâter	dîner	athlète	chaîne	boîte

b/ Dans une même famille, une même voyelle peut être accentuée dans certains mots et ne pas l'être dans d'autres. La prononciation renseigne assez souvent.

On fera attention à :

▶ jeûner	▶ fût	▶ grâce	▶ pôle
déjeuner	futaie	gracieux	polaire

III. Le tréma

On met un **tréma** (¨ deux points juxtaposés) sur une voyelle pour indiquer qu'elle se détache de celle qui la précède. Les voyelles **e, i, u** peuvent être surmontées du tréma :

▶ ciguë, faïence, capharnaüm.

Dans **ciguë, aiguë,** etc., le tréma sur l'**e** indique que ces mots doivent être prononcés autrement que **figue, digue** où la lettre **u** est placée pour donner au **g** une articulation dure.

▶ canoë	bisaiguë	caïque	caraïbe	naïade	stoïcisme
aïeul	baïonnette	camaïeu	celluloïd	oïdium	thébaïde

Dans quelques noms propres, le *tréma* sur l'**e** indique que cette lettre ne se prononce pas :

▶ Mme de Staël (« *Stal* »)

IV. La cédille

La **cédille** se place sous le **c** devant **a, o, u** quand le **c** doit **conserver** le son
« **se** » :

> un Français ; un caparaçon ; une gerçure.

> curaçao   forçat   charançon   pinçon   rançon   soupçon
> fiançailles   arçon   étançon   poinçon   séneçon   aperçu

Attention à **douceâtre**. L'**e** après le **c** est la survivance d'un vieil usage.

V. Le trait d'union

1. Il est obligatoire :

a/ Entre l'impératif et les pronoms compléments qui le suivent et en
dépendent :

> regardez-le, allez-vous-en.

L'apostrophe marquant l'élision l'emporte sur le trait d'union :

> va-t'en, mets-l'y.

b/ Entre les éléments (non reliés par **et**) d'un nombre composé inférieur à
cent :

> dix-sept, quatre-vingt-treize.

Mais : ▶ cent vingt.

c/ Entre prénom, nom, surnom d'une personne, lorsqu'ils servent à désigner un lieu :

> avenue Pierre-Ier-de-Serbie ; place Alfred-de-Vigny.

2. Il sert souvent à unir un préfixe à un nom, à un adjectif, ou à un verbe.

a/ C'est très fréquent pour beaucoup de mots commençant par **contre** :

> contre-allée, contre-attaque, contre-torpilleur.

Exceptions : une quarantaine de mots parmi lesquels :

> contrebalancer, contrecoup, contredanse, contrepartie, contresens,
> contrevérité, contravis, contrescarpe, contrordre, contretemps.

b/ C'est très rare pour les mots commençant par **entre**. Selon l'Académie
entre est suivi d'un trait d'union :
— avec les verbes pronominaux :

> (s'entre)-déchirer, -détruire, -dévorer, -donner, -frapper, -nuire, -soutenir,
> -suivre, -tuer,

— dans les noms :

▶ entre-deux, entre-ligne, entre-nœud, entre-voie ;

— dans :

▶ entre-temps (*locution adverbiale ou nom*).

c/ Avec d'autres préfixes, le trait d'union permet d'éviter des rencontres délicates de lettres dans l'écriture.
On écrit par exemple :

▶ anti-intellectualiste *à côté de* antimilitariste,
auto-intoxication, auto-excitation *à côté de* autocritique,
post-traumatisme, post-scriptum *à côté de* postscolaire.

d/ Après **anti,** le trait d'union s'emploie devant un second élément déjà double, ou lorsqu'il s'agit d'un nom forgé pour l'occasion :

▶ anti-sous-marin, une dame anti-snob.

e/ Après **non** et **quasi** le trait d'union figure lorsqu'ils forment un composé considéré comme un nom :

▶ un non-sens, une quasi-certitude.

Mais évidemment si **non** ou **quasi** portent sur un adjectif ou un adverbe, en leur fonction normale d'adverbes, il n'y a pas à mettre de trait d'union :

▶ une attitude non conformiste ; un succès quasi certain.

3. *Il sert à former des mots composés.* Mais son emploi est très variable, et doit être vérifié dans un dictionnaire :

— Il permet de distinguer une locution adverbiale (sans trait d'union) du nom correspondant :

▶ à côté, un à-côté ; à peu près, un à-peu-près ; hors texte, un hors-texte.

— **Mais** seule l'habitude vous permettra d'écrire :

sans trait d'union	avec trait d'union
▶ arts et métiers	▶ beaux-arts
▶ compte rendu	▶ chef-d'œuvre
▶ faux sens (*et les composés de faux*) **sauf**	▶ faux-bourdon, faux-fuyant, faux-semblant, faux-monnayeur
▶ grand prêtre, grand prix	▶ grand-prince, grand-père *et les composés féminins de* grand : grand-mère, grand-route
▶ hôtel de ville	▶ hors-d'œuvre
▶ nouveau marié (*et les composés de nouveau*) **sauf**	▶ nouveau-né
▶ opéra bouffe	opéra-comique, *etc.*

CHAPITRE 2

LA MAJUSCULE

● **On met toujours une majuscule :**

1. Au premier mot d'une phrase :

▶ L'orage menace. Un vent violent se lève.

2. Au nom propre :

▶ Du Jardin du roi, Buffon fit le Jardin des plantes.

3. Au nom, ou au titre d'une œuvre artistique ou littéraire, d'un journal, d'un magazine :

▶ Le tableau le plus connu du peintre Millet est *L'Angélus.*
L'Aiglon est un drame en vers, d'Edmond Rostand.
L'Auto a été le premier journal sportif.
Je lisais chaque mois la revue littéraire *Les Annales.*

4. A certains termes de politesse :
Monsieur, Madame, Mademoiselle :

▶ Veuillez agréer, Monsieur...

5. Au nom, précédé de Monsieur ou de Madame, qui marque un titre, quand on s'adresse au possesseur de ce titre :

▶ Monsieur le Ministre du Travail,
Madame le Ministre de la Santé.

6. Au nom qui marque la nationalité :

▶ Les Français et les Italiens sont des Latins.

● **Mais attention à ne pas confondre :**

a/ Le **nom** qui marque la nationalité avec **l'adjectif qualificatif** qui marque l'origine ou le **nom commun** qui désigne une langue. On écrira ainsi sans majuscule :

▶ Les vins français et les vins italiens sont renommés.
Le français et l'italien sont des langues latines.

b/ Un **nom propre** géographique, écrit avec une majuscule, et le **nom commun** qui désigne un produit d'origine et qu'on écrit sans majuscule :

▶ Je bois du vin de Bourgogne (*province*).

Mais :

▶ Je bois du bourgogne (*produit d'origine*).

7. A certains termes historiques ou géographiques :

▶ La Ligue, la Grande Armée, le ballon d'Alsace, les Gémeaux.
Par le col de la Perche, on passe de France en Catalogne.

8. Aux noms de bateaux, d'avions, de rues, d'édifices...

▶ La Belle-Rose, la Croix-du-Sud, la rue des Lions, le Panthéon.

9. Au premier mot d'un vers :

▶ Lorsque l'enfant paraît, le cercle de famille
Applaudit à grands cris. Son doux regard qui brille
Fait briller tous les yeux.   (V. HUGO, *Les Feuilles d'Automne*.)

10. Aux noms d'animaux ou de choses personnifiés :

▶ O nations! Je suis la Poésie ardente.   (V. HUGO.)

11. A des noms communs réservés à un seul être ou à une seule entité qu'ils désignent par excellence :

▶ La justice de Dieu, du Créateur, du Tout-puissant, *etc.*

Mais :

▶ Les dieux du paganisme.

▶ L'Église militante, les biens de l'Église (*communauté des chrétiens*).

Mais :

▶ Aller à l'église (édifice).

▶ L'Empire romain, le Saint Empire, le premier Empire (*nom d'un régime*).

Mais :

▶ L'empire d'Occident, l'empire d'Autriche (*ensemble de territoires*).

▶ L'État et les citoyens ; lois de l'État ; ministre d'État ; les États d'un prince (*entité qui gouverne ou ensemble de territoires placés sous une même domination*).

CHAPITRE 3

LES NOMS

I. Le féminin

I. Formation du féminin. Règle générale

On forme le féminin des noms en ajoutant un **e** au masculin :

▶ un apprenti, une apprenti**e**
le Français, la Français**e**

II. Cas particuliers

1. Les noms terminés par **er** font leur féminin en **ère** :

▶ le mercier, la merci**ère**. — le boucher, la bouch**ère**.

2. Certains noms **doublent la consonne finale** :

▶ le paysan, la paysa**nn**e. — le chat, la cha**tt**e.

3. Certains noms **changent la consonne finale** :

▶ le lou**p**, la lou**v**e. — l'épou**x**, l'épou**s**e.

4. Les noms **terminés** par **eur** font, selon les cas, leur féminin en :

▶ **-euse** : le vendangeur, la vendang**euse**.
-ice : l'inspecteur, l'inspectr**ice**.
-esse : le docteur, la doctor**esse**.

5. Certains noms en **e** font leur féminin en **esse** :

▶ le pauvre, la pauvr**esse**. — le notaire, la notair**esse**.

6. Certains féminins ne sont pas construits d'après le nom masculin correspondant :

▶ gendre	*bru*	bouc	*chèvre*	lièvre	*hase*
mari	*femme*	cerf	*biche*	mâle	*femelle*
parrain	*marraine*	cheval	*jument*	sanglier	*laie*
bélier	*brebis*	jars	*oie*	taureau	*vache*

7. Certains noms de professions masculines n'ont pas de féminin. Le féminin est marqué par le mot *femme* suivi du nom masculin :

▶ une femme peintre, une femme ingénieur, une femme écrivain.

8. Certains noms d'animaux ne marquent que l'espèce ; pour préciser le sexe, on ajoute le mot *mâle* ou *femelle* :

▶ un bouvreuil mâle, un bouvreuil femelle ; une belette mâle, une belette femelle.

9. Les lettres ont un genre. — Sont féminines les lettres qui, lorsqu'on les prononce, se terminent par un **e** muet :

▶ f (*effe*), n (*enne*), h (*hache*), r (*erre*), l (*elle*), s (*esse*), m (*emme*), x (*ixe*).

Sont masculins :

▶ a, b, c, d, e, g, i, j, k, o, p, q, t, u, v, w, y, z.

L'usage autorise le masculin pour toutes les lettres.

III. Noms homonymes au sens fixé par le genre

masculin	*féminin*
▶ **aide** : celui qui aide, qui prête son concours à un autre.	*aide :* celle qui aide ; secours, protection, assistance.
aigle : oiseau de proie, homme supérieur, génie, décoration.	*aigle :* aigle femelle, étendard, drapeau, armoirie.
aune : arbre, à bois léger, des régions tempérées humides.	*aune :* ancienne mesure de longueur valant 1,188 m.
barde : poète chez les Celtes.	*barde :* tranche de lard, armure.
cache : papier noir servant à cacher une partie d'un cliché.	*cache :* lieu secret propre à cacher ou à se cacher.
carpe : os du poignet.	*carpe :* poisson d'eau douce.
cartouche : encadrement d'une inscription, ornement sculpté.	*cartouche :* carton contenant la charge d'une arme à feu.
coche : voiture, bateau.	*coche :* entaille.
couple : réunion de deux personnes unies par le mariage ou l'amitié.	*couple :* ensemble de deux choses de même espèce réunies par occasion ; lien pour attacher ensemble des animaux.
crêpe : étoffe de laine légère et frisée, étoffe de deuil.	*crêpe :* sorte de galette frite à la poêle.
critique : celui qui juge une œuvre.	*critique :* art de juger une œuvre.

enseigne : officier de marine, officier qui porte une enseigne.

foudre : grand tonneau ; faisceau enflammé que lançait Jupiter ; celui qui, à la guerre, dans l'éloquence, etc., produit de grands effets.

garde : celui qui garde, surveillant, soldat.

garenne : lapin sauvage par opposition à lapin de clapier.

gîte : lieu où l'on habite, lieu où dort le lièvre.

greffe : lieu où sont déposées les minutes des jugements, des actes de procédure.

guide : celui ou celle qui montre le chemin, qui conseille.

hymne : chant ou poème.

livre : volume broché ou relié.

manche : partie par laquelle on tient un instrument.

manœuvre : celui qui travaille de ses mains, ouvrier qui sert ceux qui font l'ouvrage.

mémoire : état de sommes dues, relation écrite de certains faits.

mode : terme de philosophie, de musique et, en grammaire, forme d'un verbe ; manière d'être.

moule : modèle creux qui donne une forme à une matière en fusion.

mousse : apprenti marin.

œuvre ; terme d'architecture ; ensemble de tous les ouvrages d'un auteur, d'un artiste.

office : fonction, service divin, service administratif.

ombre : genre de saumon.

page : jeune noble au service d'un seigneur.

paillasse : bouffon, bateleur.

enseigne : drapeau ; pièce ou tableau indiquant la profession exercée.

foudre : phénomène électrique dans l'atmosphère.

garde : action de garder, celle qui garde, troupe d'élite.

garenne : lieu planté d'arbres où vivent les lapins sauvages.

gîte : place qu'occupe un navire échoué, inclinaison d'un navire.

greffe : bourgeon détaché d'une plante pour être inséré sur une autre, l'opération elle-même.

guide : lanière de cuir pour conduire un cheval attelé.

hymne : prière chantée dans une église.

livre : ancienne unité de poids.

manche : partie du vêtement qui couvre le bras.

manœuvre : ensemble des mouvements d'une troupe, action de manœuvrer.

mémoire : faculté de se rappeler les idées, de se souvenir, de retenir.

mode : manière de faire, coutume, usage qui dépend du goût.

moule : mollusque bivalve de forme oblongue.

mousse : plante cryptogame ; écume.

œuvre : ce qui est fait à l'aide de la main, production de l'esprit, ouvrage d'art.

office : lieu où l'on prépare tout ce qui se met sur la table.

ombre : obscurité.

page : un des côtés d'un feuillet de papier.

paillasse : matelas bourré de paille.

parallèle : cercle parallèle à l'équateur, comparaison entre deux personnes ou deux choses.

pendule : corps mobile autour d'un point fixe, à oscillations régulières.

physique : apparence extérieure de l'homme, ce qui, appartenant au corps, s'oppose au moral.

poêle : fourneau ; dais, drap, couvrant un cercueil.

politique : homme d'État, ministre, celui qui s'applique à la connaissance du gouvernement des États.

poste : lieu assigné à quelqu'un ; appareil de radio.

pupille : orphelin mineur placé sous la direction d'un tuteur.

solde : terme de comptabilité ; marchandise vendue au rabais.

somme : sommeil, moment assez court que l'on donne au sommeil.

souris : sourire fin, léger, gracieux.

statuaire : celui qui fait des statues.

suisse : gardien d'une église ; fromage.

tour : machine, mouvement circulaire, promenade, contour, farce.

trompette : celui qui sonne de l'instrument.

vague : grand espace vide, ce qui est indécis, indéfini, indéterminé.

vapeur : bateau mû par la vapeur.

vase : récipient.

voile : étoffe destinée à couvrir ou à protéger.

parallèle : ligne dont tous les points sont également distants de ceux d'une autre ligne.

pendule : horloge d'appartement à poids ou à ressort.

physique : science qui étudie les propriétés des corps.

poêle : ustensile de cuisine, muni d'une longue queue.

politique : art de gouverner un État, de diriger les relations avec les autres États.

poste : administration publique chargée du transport du courrier.

pupille : orpheline ; ouverture de l'œil par laquelle passe la lumière.

solde : paie des militaires.

somme : quantité d'argent, total, charge d'un animal.

souris : rongeur ; muscle du gigot.

statuaire : art de faire des statues.

Suisse : république fédérale de l'Europe, capitale Berne.

tour : bâtiment élevé, rond ou à plusieurs faces.

trompette : instrument de musique.

vague : eau de la mer, d'un lac, d'un fleuve soulevée par le vent.

vapeur : nuage, exhalaison gazeuse.

vase : bourbe.

voile : toile forte attachée aux vergues d'un mât.

IV. Noms féminins sur le genre desquels on hésite

● Disons : **une anse, une azalée, une oasis, une oriflamme.**

Sont féminins les noms suivants :

▶ acoustique	ankylose	ecchymose	équivoque	orbite
acné	antichambre	écharde	gent	paroi
agrafe	antilope	écritoire	gemme	patère
alcôve	apothéose	égide	glaire	penne
alèse	artère	encaustique	immondice	primeur
algèbre	atmosphère	éphéméride	impasse	primevère
amnistie	autoroute	épigramme	mandibule	réglisse
anagramme	chrysalide	épigraphe	octave	sentinelle
ancre	ébène	épitaphe	odyssée	scolopendre
anicroche	ébonite	épître	omoplate	vésicule

V. Noms masculins sur le genre desquels on hésite

● Disons : **un alvéole, un chrysanthème, un éclair, un effluve.**

Sont masculins les noms suivants :

▶ aconit	apothème	contralto	girofle	lange
acrostiche	appendice	corymbe	hallali	légume
ail	arcane	coryphée	haltère	lignite
akène	argent	coryza	harmonica	mausolée
alcool	armistice	edelweiss	hémisphère	myrte
amalgame	arôme	élysée	hospice	obélisque
ambre	artifice	élytre	hyménée	orbe
amiante	asile	emblème	hymne	ouvrage
amphibie	asphalte	emplâtre	incendie	pétale
amphithéâtre	astérisque	empyrée	indice	pétiole
anathème	augure	épilogue	insigne	planisphère
anthracite	autodafé	épisode	intervalle	pleur
antre	automne	esclandre	interstice	rail
apogée	balustre	érésipèle	ivoire	sépale
apologue	camée	escompte	jade	tentacule

II. Le pluriel

I. Formation du pluriel. Règle générale

On forme généralement le pluriel des noms en ajoutant une **s** au singulier :

▶ le chien, les chiens ; un robot, des robots.

II. Cas particuliers

1. Les noms en **au, eau, eu** prennent une **x** au pluriel :

▶ le fabliau, les fabliaux ; le seau, les seaux ; le feu, les feux.

• Quatre noms font exception et prennent une **s** :

▶ le landau, les landaus ; le sarrau, les sarraus ; le bleu, les bleus ; le pneu, les pneus.

2. Les noms en **ou** prennent une **s** au pluriel :

▶ le verrou, les verrous.

• Sept noms : **bijou, caillou, chou, genou, hibou, joujou, pou** font exception et prennent une **x**.

▶ les bijoux, les cailloux, les choux...

3. Les noms en **ail** prennent une **s** au pluriel :

▶ le chandail, les chandails.

• Sept noms : **bail, corail, émail, soupirail, travail, vantail, vitrail** font exception et changent **ail** en **a.u.x.** (sans **e**).

▶ les baux, les émaux, les vantaux...

4. Les noms en **al** font leur pluriel en **aux** (sans **e**) :

▶ le cheval, les chevaux ; le mal, les maux.

• Quelques noms : **bal, carnaval, chacal, festival, récital, régal** font leur pluriel en **s**.

▶ les bals, les carnavals, les chacals

Mais : ▶ un idéal, des idéals *ou* des idéaux.

5. Les noms terminés par **s, x,** ou **z** au singulier **ne changent pas** au pluriel :

▶ le lis, les lis ; le silex, les silex ; le nez, les nez.

III. Pluriel des noms propres

1. *Les noms propres se mettent au pluriel,* s'ils désignent :

a/ Certaines familles royales, princières ou illustres de très vieille noblesse :

▶ les Bourbons, les Guises, les Condés.

b/ Des personnages pris comme modèles, comme types :

▶ les Pasteurs, les Curies, les Schweitzers sont rares.

c/ Des peuples, des pays, des noms géographiques :

▶ les Grecs, les Indes, les Canaries, les Alpes.

2. *Le pluriel est toléré,* mais l'usage maintient plutôt le singulier :

a/ Pour les noms de famille non illustres ou de récente noblesse :

▶ les Duval *ou* les Duvals; les Bonaparte *ou* les Bonapartes.
les Thibaut, les Pasquier, les Boussardel.

b/ Pour les noms propres désignant des œuvres artistiques ou littéraires :

▶ des Renoir *ou* des Renoirs; des Giono *ou* des Gionos.

3. *Restent toujours au singulier :*

a/ Les noms propres précédés d'un article au singulier :

▶ les Le Nôtre, les La Fontaine.

b/ Les noms propres précédés de **les**, quand ils ne désignent qu'une seule personne :

▶ les Hugo, les Lamartine... ont illustré la littérature romantique.

IV. Pluriel des noms étrangers

1. Règle générale

Les noms **d'origine étrangère** peuvent :

a/ prendre une **s** au pluriel s'ils sont **francisés** par **l'usage** :

▶ un alibi	▶ un référendum	▶ un bungalow	▶ un duo
des alibis	des référendums	des bungalows	des duos

b/ garder leur **pluriel étranger** :

▶ un wattman	▶ un soprano	▶ un desideratum	▶ un baby
des wattmen	des soprani	des desiderata	des babies

c/ avoir **deux pluriels,** l'étranger et le français :

▶ un maximum, des maxima *ou* des maximums
un match, des matches *ou* des matchs
un dilettante, des dilettanti *ou* des dilettantes

d/ rester **invariables :**

▶ un intérim   ▶ un extra   ▶ un credo   ▶ un forum
    des intérim   des extra   des credo   des forum

● C'est le cas de plusieurs noms venus du latin :
— noms de prières :

▶ Ave, Pater, Confiteor, Credo, etc. ;

— noms d'actes ou de choses :

▶ nota bene, veto, mea-culpa, etc.

2. Noms d'origine anglaise

a/ On notera bien **l'orthographe des mots suivants,** fréquents dans l'usage actuel :

baby	cyclo-cross	jeep	rallye-paper	steak
ballast	dancing	jockey	recordman	steam-boat
barmaid	dandy	knock-out	reporter	steamer
barman	dock	lady	round	steeple-
base-ball	docker	leader	rugby	chase
basket-ball	dog-car	living-room	sandwich	steward
bifteck	express	lunch	scooter	stock
blazer	fashion	magazine	shampooing	stock-car
boy-scout	ferry-boat	match	shoot	sweater
break	five-o'clock	meeting	short	sweat-shirt
brick	football	milk-bar	sketch	ticket
building	footing	miss	sleeping-car	tilbury
bulldozer	fox-terrier	moto-cross	slogan	toast
bungalow	garden-party	paddock	sloop	tramway
business	gentleman	pickles	smoking	trolley
camping	gin	pickpocket	snack-bar	trolleybus
chip	globe-trotter	pick-up	snow-boot	volley-ball
clergyman	goal	pipe-line	speaker	wagon
clown	grog	policeman	sportsman	wattman
club	groom	poney	square	week-end
cocktail	hall	pudding	stand	whisky
cow-boy	handicap	pull-over	standard	yacht
cross-country	interview	puzzle	star	yachtman

b/ Si on veut former **le pluriel à l'anglaise,** on notera ceci :

● Dans les noms composés anglais, c'est le mot principal, généralement le second, qui prend la marque du pluriel :

▶ un boy-scout, des boy-scouts ; un cow-boy, des cow-boys...
Five-o'clock *est invariable.*

● Les noms terminés par **man** font leur pluriel en **men :**

▶ un barman, des barmen ; un policeman, des policemen.

22

Il y a un pluriel français :

▶ des barmans, des policemans.

● Les noms terminés par **y**, quand l'**y** est précédé d'une consonne, font leur pluriel en **ies** :

▶ un baby, des babies ; une lady, des ladies.

Il y a un pluriel français :

▶ des babys, des ladys.

● Les noms terminés en **-sh, -ch, -ss, -x**, font leur pluriel en **-es** :

▶ les flashes, des matches, des misses, des boxes, des sandwiches.

3. Noms d'origine italienne

▶
brocoli	confetti	graffiti	macaroni	prima donna
cicerone	contralto	imbroglio	maestro	scénario
concerto	crescendo	larghetto	mezzanine	soprano
condottiere	dilettante	lazzi	mezzo-soprano	spaghetti

● Le pluriel **en italien** est marqué par **i** pour les masculins, par **e** pour les ` féminins.
Si on forme **le pluriel à l'italienne,** on écrira donc :

▶ des confetti, des condottieri, des mezzi-soprani, des prime donne.

Mais le pluriel en **-s**, à la française, est possible ; il est même utile pour certains mots italiens qui, entrés dans notre langue sous leur forme du pluriel en **i,** s'emploient sous cette forme même au singulier :

▶ un lazzi, des lazzi(s) ; un macaroni, des macaroni(s) ; un mercanti, des mercanti(s), etc.

● Les mots comme **allegro, crescendo, forte, piano,** etc., sont invariables et s'écrivent sans accent, à l'italienne, pour désigner des façons de jouer :

▶ ce musicien avait des allegro et forte étonnants.

Ils ont un **pluriel en -s,** et souvent une orthographe avec accent, à la française, pour désigner des airs :

▶ il nous a joué plusieurs andantes et deux allégros.

V. Pluriel des noms composés

1. Règle générale

Dans les noms composés, seuls le **nom** et l'**adjectif** peuvent se mettre au pluriel, si le **sens** le permet :

▶ des wagons-citernes,   des arcs-boutants,   des rouges-gorges.

Lorsque le nom composé est formé de deux noms, unis par une préposition, en général, seul le premier nom s'accorde :

▶ des pieds-d'alouette,   des gueules-de-loup,   des cous-de-pied[1].

2. Cas particuliers

a/ Quand le premier mot d'un nom composé est terminé par un **o,** ce mot reste **invariable** :

▶ un électro-aimant, des électro-aimants.

b/ Dans certaines expressions au **féminin** (grand-mère[2], grand-rue, grand-place, etc.) l'usage veut que l'adjectif **grand** reste invariable au **singulier** comme au **pluriel** :

▶ une grand-mère, des grand-mères ; une grand-tante, des grand-tantes.

c/ Le mot **garde** s'accorde quand il a le sens de **gardien** et désigne une personne ; mais il reste invariable quand il vient du verbe **garder** et désigne une chose :

▶ des gardes-malades ; des garde-manger.

d/ **Le sens s'oppose à l'accord** de certains noms composés :

▶ des pot-au-feu = morceaux de viande à mettre au pot,
des pur-sang = chevaux qui ont le sang pur,
des on-dit ; des pince-sans-rire.

e/ Quelquefois la **préposition n'est pas exprimée** :

▶ des timbres-poste, c'est-à-dire **pour** la poste.

f/ Quelquefois le nom composé est formé d'un **verbe** (qui reste invariable) et d'un **complément.** Ce complément peut, d'après le sens, selon qu'il désigne une ou plusieurs choses :

● rester invariable :

▶ des abat-jour, des chasse-neige, des essuie-glace.

● prendre la marque du pluriel :

▶ des couvre-lits, des tire-bouchons.

● être toujours au pluriel :

▶ un compte-gouttes, un porte-allumettes.

---

1. Cou-de-pied = dessus du pied.
2. C'est une faute de faire suivre l'adjectif *grand* d'une apostrophe dans les noms composés comme *grand-mère. Grand* était autrefois un adjectif à forme unique, il n'y a donc pas d'*e* tombé. L'Académie préconise : *grand-mère, grand-rue,* etc.

g/ Certains noms composés peuvent avoir **deux orthographes** :

▶ des essuie-main (s), des attrape-nigaud (s), des grippe-sou (s).

Retenons l'orthographe de quelques noms composés :

▶ des brise-glace	des emporte-pièce	des rabat-joie
des brûle-parfum	des grille-pain	des remue-ménage
des cache-pot	des hache-paille	des serre-tête
des garde-boue	des pèse-lait	des souffre-douleur
des crève-cœur	des porte-monnaie	des trouble-fête
un brise-lames	un pare-étincelles	un presse-papiers
un casse-noisettes	un porte-bagages	un serre-livres
un chasse-mouches	un porte-clefs	un trois-mâts
un coupe-légumes	un porte-lettres	un vide-poches
un coupe-racines	un porte-liqueurs	un vide-ordures
des à-coups	des terre-pleins	des lauriers-roses
des à-côtés	des en-têtes	des lauriers-sauce
des après-dîners	des fac-similés	des lauriers-tins
des après-midi	des faire-part	des lieux-dits
des ayants cause[1]	des faux-semblants	des sauf-conduits
des ayants droit[1]	des faux-fuyants	des sous-sols
des bains-marie	des haut-parleurs	des tragi-comédies
des chevau-légers	des laissez-passer	des volte-face

h/ Dans les noms composés qui sont des onomatopées le premier élément reste en général invariable :

▶ des tam-tams.

Parfois les deux éléments sont invariables :

▶ des tic-tac.

VI. Nombre du nom sans article

1. Quand un nom, sans article, précédé d'une des prépositions **à, de, en,** est complément d'un autre mot, il faut étudier le sens pour savoir si ce nom doit être au singulier ou au pluriel. On mettra :

a/ **le singulier** quand le nom donne **l'idée d'un être, d'un objet, d'une espèce, d'une matière...**

▶ des poignées de main ; des sacs de plâtre.

b/ **le pluriel** quand le nom donne **l'idée de plusieurs êtres, de plusieurs objets ·**

▶ une paire d'amis ; un fruit à pépins.

● On peut écrire :

▶ des vêtements d'**homme** *ou* d'**hommes.**

---

1. Survivance d'un vieil usage, selon lequel le participe présent prenait la marque du pluriel.

• Écrivons plutôt au singulier :

▶ **d'arbre en arbre, de fleur en fleur...**

• Écrivons au pluriel :

▶ **en loques, en guenilles, en haillons, en lambeaux.**

2. Les noms précédés de **sans, ni, pas de, point de**... peuvent selon le sens s'écrire au **singulier** ou au **pluriel** :

▶ Il n'y avait là ni vaste étendue, ni fleurs rares, ni fruits précieux.

(LAMARTINE.)

▶ Tout semblait mort, les arbres étaient sans feuilles, la terre sans verdure.

(F. PÉCAUT.)

• Il suffit le plus souvent pour fixer le nombre de poser la question : *s'il y en avait ?*

S'il y en avait ? il y aurait :

▶ **une** étendue, **des** fleurs, **des** fruits.

S'il y en avait ? il y aurait :

▶ **des** feuilles, **de** la verdure.

VII. Quelques noms toujours pluriels

• Certains noms ne s'emploient qu'au pluriel.

▶ **noms masculins**

agrès	bestiaux
aguets	confetti
alentours	confins
ancêtres[1]	décombres
appas	dépens
arrérages	environs

noms féminins

accordailles	arrhes
affres	brisées
ambages	calendes
annales	catacombes
archives	complies
armoiries	doléances

▶ **noms masculins**

êtres[2]	impedimenta
fastes	mânes
frais	pénates
gravats	pourparlers
honoraires	préparatifs
lazzi[3]	vivres

noms féminins

entrailles	obsèques
épousailles	pierreries
fiançailles	représailles
funérailles	semailles
hardes[4]	ténèbres
mœurs	vêpres

1. On trouve quelquefois *ancêtre* au singulier.
2. *Êtres* au sens des diverses parties d'une maison s'écrit quelquefois *aîtres*.
3. Cf. p. 23.
4. Dans le sens de « vieux vêtements ».

III. Remarques sur le genre et le nombre de quelques noms

1. L'Académie prescrit :

▶ un après-midi, une perce-neige, une phalène, une steppe.

L'usage admet les deux genres.

2. **Gens** est un nom pluriel **masculin** ou **féminin** :

a/ Si **gens** signifie « des personnes » et est employé sans complément déterminatif désignant une qualité ou un état, l'adjectif qui le précède **immédiatement** se met au **féminin pluriel** :

▶ de **vieilles** gens ; **toutes** gens ; **quelles** gens.

Mais on écrira :

▶ de **vieux** gens de guerre ; **tous** les gens sont de cet avis ; **tous** ces gens-ci.

Si l'adjectif au féminin pluriel a une forme **nettement féminine** et ne se confond pas avec un masculin pluriel, l'autre adjectif ou le déterminant qui le précèdent nécessairement (et non par simple inversion) se mettent aussi au féminin pluriel :

▶ de **bonnes** vieilles gens ; **toutes** les vieilles gens ; **quelles** que soient ces bonnes gens.

Mais on écrira :

▶ de **vrais** honnêtes gens ; **quels** braves[1] gens ; **tous** les honnêtes[1] gens.

b/ Dans tous les autres cas **gens** est masculin :

▶ Très **émus,** tous les gens **assemblés** pleuraient.

délice, orgue sont masculins au singulier et féminins au pluriel.

3. On dit :

▶ le gentilhomme, les gentishommes ; le bonhomme, les bonshommes ;

▶ le Targui, les Touareg ; le méhari, les méharis *ou* les méhara ;

▶ l'ail, les ails *ou* les aulx ; les idéals *ou* les idéaux ;

▶ l'aïeul (e), les aïeuls (*grands-pères ou grands-parents*) ; les aïeules (*grand-mères*) ; les aïeux (*ce mot a le sens d'*ancêtres) ;

▶ le ciel, les ciels (*en parlant de coloration, de peinture, de climat*) : ce peintre fait bien les ciels (Académie) ;
le ciel, les cieux (*en parlant de la voûte céleste*) ; les cieux étoilés.

---

1. L'adjectif terminé par un *e* aux deux genres doit être pris au masculin.

CHAPITRE 4

LES ADJECTIFS QUALIFICATIFS

I. Le féminin

I. Formation du féminin. Règle générale

On forme généralement le **féminin** des **adjectifs qualificatifs** en ajoutant un **e muet** au masculin :

▶ le cœur loyal, l'âme loyale.

Les adjectifs **masculins en e ne changent pas** au féminin :

▶ le soleil pâle, la clarté pâle.

II. Cas particuliers

1. Les adjectifs terminés par **-er** font leur féminin en **-ère** :

▶ printanier, *printanière ;* cher, *chère.*

2. Certains adjectifs **doublent la consonne finale** :

▶ bas, *basse*   pâlot, *pâlotte*   aérien, *aérienne*
  net, *nette*   gentil, *gentille*   annuel, *annuelle*

3. D'autres **changent la consonne finale** ou **modifient** sa graphie :

▶ hâtif, *hâtive*   précieux, *précieuse*   doux, *douce*
  faux, *fausse*   grec, *grecque*   long, *longue*
  public, *publique*   turc, *turque*   frais, *fraîche*
  bénin, *bénigne*   malin, *maligne*   blanc, *blanche*

4. Les adjectifs **terminés par -eur** font, selon le cas, leur féminin en **-eure, -euse, -ice, -esse** :

▶ majeur, *majeure ;* rieur, *rieuse ;* créateur, *créatrice ;* vengeur, *vengeresse.*

5. Les adjectifs en **-et doublent généralement le t** :

▶ fluet, *fluette*   rondelet, *rondelette*   violet, *violette*

Mais : *(in)complet, concret, désuet, (in)discret, (in)quiet, replet, secret* font **ète**, avec **un seul t** :

▶ complet, *complète...*

6. Quelques féminins **particuliers** :

▶ aigu, *aiguë*   vieux (vieil), *vieille*   beau (bel), *belle*
favori, *favorite*   coi, *coite*   tiers, *tierce*
andalou, *andalouse*   mou (mol), *molle*

● *Bleu* suit la règle générale et fait *bleue.*

7. Les adjectifs en **-eux** pris comme noms conservent l'**x** au masculin singulier :

▶ un ambitieux, *une ambitieuse.*

8. Adjectifs qualificatifs en **-ique, -oire, -ile.**

Au masculin, les adjectifs qualificatifs terminés par le son :

● « **ique** » s'écrivent **i.q.u.e,** sauf *public* (féminin : *publique*) :

▶ un spectacle magnif**ique** ; un danger publ**ic** ; une place publ**ique** ;

● « **oire** » s'écrivent **o.i.r.e,** sauf *noir* :

▶ un exercice préparat**oire** ; un veston n**oir**, une jupe n**oire** ;

● « **ile** » s'écrivent **i.l.e,** sauf : *civil, puéril, subtil, vil, viril, volatil,* qui prennent un **e** au féminin :

▶ un ouvrier habi**le** ; le génie civil ; une attitude puérile.

● On écrit **tranquille** avec **deux l.**

9. Adjectifs qualificatifs en **-al, -el, -eil.**
Au **féminin,** les adjectifs qualificatifs terminés par le son :

● « **al** » s'écrivent **a.l.e** :

▶ le vaisseau spati**al**, la navette spati**ale**.

● « **el** » ou « **eil** » s'écrivent **ll.e** :

▶ un défaut habitu**el**, une qualité habitu**elle** ; un fruit verm**eil**, une pêche verm**eille** ;

● *pâle, mâle, sale, ovale, fidèle, parallèle, frêle, grêle* se terminent par **e** au masculin.

III. La lettre finale d'un adjectif masculin

Si l'on hésite sur la dernière lettre d'un adjectif masculin, au singulier, on la découvrira en formant le féminin.
Ainsi le féminin *profonde* nous apprendra que *profond* se termine par un **d**.
De même, c'est le féminin qui justifie la lettre finale des adjectifs suivants :

► rougeaud	blond	épais	zélé	inouï
lourdaud	oblong	laid	ancien	subit
vieillot	étroit	surfait	diffus	gris
narquois	matois	altier	touffu	gentil

II. Le pluriel

I. Formation du pluriel. Règle générale

On forme généralement le **pluriel** des **adjectifs qualificatifs** en ajoutant une **s** au singulier :

► le fil **fin**, les fils **fins**; la noix **verte**, les noix **vertes**.

II. Cas particuliers

1. Les **adjectifs** en -eau font leur pluriel en -eaux :

► le beau fruit, les **beaux** fruits.

2. Les **adjectifs** en -al font le plus souvent leur pluriel en -aux :

► un record mondial, des records **mondiaux**.

● *Bancal, fatal, final, natal, naval* font leur pluriel en **s** :

► des meubles bancals.

● *Banal* conserve son vieux pluriel en -aux dans les termes de féodalité :

► des moulins; des fours, des pressoirs banaux.

Dans les autres cas, au sens de « sans originalité », son pluriel est en **s** :

► des propos, des compliments banals.

3. Les **adjectifs terminés par s ou x** au singulier **ne changent pas** au pluriel :

► le chemin gris et poudreux; les chemins **gris** et **poudreux**.

● *bleu* fait *bleus, bleues* :

► des cols **bleus**, des jupes **bleues**.

CHAPITRE 5

LE PARTICIPE PASSÉ

En général, chaque verbe **a un participe passé** qui se comporte le plus souvent comme un **adjectif qualificatif.** Il peut s'employer **seul** ou **avec les auxiliaires être** ou **avoir.**

I. La lettre finale du participe passé

Il n'y a aucune difficulté lorsque c'est une **voyelle qui se prononce.** La voyelle dépend alors du groupe auquel appartient le verbe. Au féminin, on ajoute **e**, au pluriel **s.**
Mais certains participes masculins des verbes du 3e groupe se terminent par une lettre représentant **une consonne non prononcée.** Pour la découvrir, on formera, comme pour les adjectifs, le féminin.

C'est le féminin *admise* qui justifie le **s** de *admis.*

Le participe passé est en :

● **é** pour le 1er groupe :

  ▶ l'œillet fan**é** - la rose fan**ée**

● **i** pour le 2e groupe et quelques verbes du 3e groupe :

  ▶ le travail fin**i** - la tâche fin**ie**
  le potage serv**i** - la soupe serv**ie**

● **u - s - t** pour le 3e groupe

  ▶ le livre rend**u** - la monnaie rend**ue**
  le résumé appr**is** - la leçon appr**ise**
  le lampion étein**t** - la lampe étein**te**

● Exceptions :

  ▶ un corps **dissous** - une matière **dissoute**
  un coupable **absous** - une accusée **absoute**

II. Des confusions à éviter

I. Participe passé épithète en -é ou infinitif en -e.r ?

Il ne faut pas confondre le **participe passé épithète** en **é** avec **l'infinitif** en **-e.r**.

On reconnaît **l'infinitif** en **-e.r** à ce qu'il peut être remplacé par l'infinitif d'un verbe du 3ᵉ groupe comme *vendre, mordre, voir, courir...*

▶ Elle va **acheter** du drap = elle va **vendre** du drap.

Dans le cas contraire, c'est le participe passé épithète en **é** :

▶ Le drap **acheté** est fin, le drap **vendu** est fin.

Le participe passé épithète a la valeur d'un adjectif qualificatif. L'infinitif a la valeur d'un verbe ou d'un nom.

II. Participe passé épithète en -i ou verbe en -i.t ?

Il ne faut pas confondre le **participe passé épithète** en **i** avec le verbe en **i.t**.

Lorsqu'on peut mettre **l'imparfait** à la place du mot, il faut écrire la terminaison **i.t** du verbe :

▶ Le maçon **démolit** le vieux mur, *car on pourrait dire :* le maçon **démolissait** le vieux mur.

Dans le cas contraire, c'est le participe passé épithète en **i** :

▶ Le manoir **démoli** livre ses secrets. La maison **démolie** livre ses secrets.

Le participe passé épithète a la valeur d'un adjectif qualificatif. Le verbe marque l'action.

III. Participe passé épithète en -i.s. ou verbe en -i.t ?

Il ne faut pas confondre le **participe passé épithète** en **-i.s.** avec le **verbe** en **-i.t**.

Lorsqu'on peut mettre **l'imparfait** à la place du mot, il faut écrire la terminaison **i.t** du verbe :

▶ L'oiseau **prit** son vol, *car on pourrait dire :* l'oiseau **prenait** son vol.

Dans le cas contraire, c'est le participe passé épithète en **i.s.** :

▶ Le renard **pris** se débat. La renarde **prise** se débat.

IV. Participe passé épithète en -t ou verbe en -t ?

Il ne faut pas confondre le **participe passé épithète** en **t** avec le **verbe** en **t**. Lorsqu'on peut mettre **l'imparfait** à la place du mot, il faut écrire la terminaison **t** du verbe :

▶ Le feu **détruit** la ville, *car on pourrait dire :* le feu **détruisait** la ville.

Dans le cas contraire c'est le participe passé épithète en **t** qui s'accorde en genre et en nombre :

▶ Les murs **détruits** tombent. Les tours **détruites** tombent.

V. Participe passé épithète en -u ou verbe en -u.t ?

Il ne faut pas confondre le **participe passé épithète** en **-u** avec le **verbe** en **-u.t**.

Lorsqu'on peut mettre **l'imparfait** à la place du mot, il faut écrire la terminaison **u.t** du verbe :

▶ Pierre **lut** le livre, *car on pourrait dire :* Pierre **lisait** le livre.

Dans le cas contraire, c'est le participe passé épithète en **-u** :

▶ L'article **lu** est intéressant. Les pages **lues** sont intéressantes.

Remarques

● On écrit avec un **accent circonflexe**, au **masculin singulier** seulement, les participes passés :

▶ **dû, redû, mû, crû** (*verbe* croître), **recrû** (*verbe* recroître) :

▶ En port dû, la somme due, les gages dus.

● On écrit **sans accent** :

▶ **cru** (*verbe* croire), **recru** (harassé), **accru** (*verbe* accroître), **décru** (*verbe* décroître), **ému.**

CHAPITRE 6

ACCORD DES ADJECTIFS QUALIFICATIFS ET DES PARTICIPES PASSÉS

I. Règles d'accord

***1.* L'adjectif qualificatif et le participe passé épithètes ou attributs** s'accordent en **genre** et en **nombre** avec le **nom** ou le **pronom** auquel ils se rapportent :

> ► La noix est **mûre**. Les foins **secs** sont **rentrés**.

Pour trouver ce **nom** ou ce **pronom**, il faut poser avant l'adjectif qualificatif ou le participe passé **la question** :
— *qui est-ce qui* **est, était, a été...** ?
— *qui est-ce qui* **sont, étaient, ont été...** ?

* Qui est-ce qui **est mûre ?** la noix (fém. sing.) mûre **(r.e.)**
* Qui est-ce qui **sont secs ?** les foins (masc. plur.) secs **(c.s.).**
* Qui est-ce qui **sont rentrés ?** les foins (masc. plur.) rentrés **(é.s.).**

Remarques

* **Nous** et **vous** marquent le **singulier** quand ils désignent une **seule** personne. Dans ce cas l'adjectif qualificatif ou le participe passé qui s'y rapportent restent au singulier :

> ► Selon que vous serez **puissant** ou **misérable**,
> Les jugements de cour vous rendront **blanc** ou **noir**.　(LA FONTAINE.)

* L'attribut se **rapporte** généralement **au sujet du verbe**, mais il peut se rapporter quelquefois au complément d'objet :

> ► Les prunelles flétries achèvent de s'égrener et comme la gelée a passé dessus, celui qui les aime **les** trouve **délicieuses**.　(J. RENARD.)

2. Deux singuliers valent un pluriel :

▶ Le ciseau et le rabot ont été **aiguisés**.
La rose et la pensée sont **veloutées**.

3. L'**adjectif qualificatif** et le **participe passé** s'accordent au masculin pluriel quand ils se rapportent à des noms des deux genres :

▶ La campanule, la pervenche et le myosotis sont **bleus**.

4. Attention !
L'adjectif qualificatif ou le participe passé peuvent être loin du nom auquel ils se rapportent.

On s'arrêtera, pour réfléchir, à chaque adjectif qualificatif ou participe passé :

▶ **Éclairées** par la réverbération, deux figures surgissent étrangement précises.   (E. MOSELLY.)

Quelle que soit leur place dans la phrase, l'**adjectif qualificatif** et le **participe passé épithète** s'accordent en **genre** et en **nombre** avec le nom auquel ils se rapportent.

L'adjectif ainsi détaché, mis en valeur, est en apposition : **éclairées** est en apposition à **figures**.

II. Accord des adjectifs composés

Les **adjectifs composés s'accordent** en genre et en nombre quand ils sont **formés de deux adjectifs** :

▶ l'enfant sourd-muet, les enfants **sourds-muets**.

Si l'un des éléments de l'adjectif composé est un mot invariable, une abréviation, un adjectif pris adverbialement, cet élément reste invariable :

▶ des huiles **extra-pures**   des insectes **nouveau-nés**[1]
les accords **franco-italiens**   les contes **franc-comtois**

● Mais on écrit en deux mots :

▶ des nouveaux mariés, des nouveaux venus.

---

1. L'arrêté du 26 février 1901 tolère en un seul mot : **nouveauné (e), courtvêtu (e)**.

III. Accord des adjectifs qualificatifs de couleur

Les **adjectifs qualificatifs de couleur s'accordent** quand il n'y a **qu'un seul** adjectif pour une couleur.

Les **noms** exprimant par image la couleur **restent invariables,** mais *mauve, fauve, écarlate, rose, pourpre,* qui sont assimilés à de véritables adjectifs, s'accordent.

Quelques difficultés :

▶ un cheval **pie,** des vaches **pie** ;
un cheval **bai, alezan,** des juments **baies, alezanes, bai foncé**...

● On dit :

▶ une chevelure **châtain** ou **châtaine.**

Des soies
{
beiges, vertes → 1 adjectif pour 1 couleur → **accord**
rouge sombre → 2 adjectifs pour 1 couleur → **pas d'accord**
bleu-vert → 2 adjectifs pour 1 couleur → **pas d'accord**
cerise, carmin { **noms** exprimant par image la couleur
amarante, grenat { → **pas d'accord**
}

IV. Accord des adjectifs numéraux

▶ **quatre-vingts**
quatre-vingt-deux
deux cents
deux cent une
{ noix

▶ les **quatre** ailes   des **milliers** d'insectes
les **dix mille** francs   l'an **mil neuf cent**

▶ Cette maison a coûté **neuf cent mille francs**
Le bateau est à **neuf cents milles** des côtes de France

▶ Les **premiers** hommes. Les **cinq dixièmes.**
La page **neuf cent.** L'horloge sonne **six heures.**

Règles

1. Les adjectifs numéraux cardinaux sont **invariables,** sauf **vingt** et **cent** quand ils indiquent des **vingtaines** et des **centaines entières** :

▶ quatre-*vingts*, quatre-*vingt*-un ; deux *cents*, deux *cent* un pas.

2. Mille, adjectif numéral, est **toujours invariable.**
Mais **millier, million, billion, trillion, milliard** qui sont des noms prennent une **s** au pluriel :

▶ dix *mille* francs ; des *milliers*, des *millions* d'étoiles.

3. Dans les dates, il n'y a **pas d'accord**, l'on écrit **mille** ou **mil** :

▶ l'an *mille* neuf cent ou l'an *mil* neuf cent.

4. **Mille,** unité de longueur employée par les marins, est un nom commun et prend une **s** au pluriel :

▶ nous avons déjà parcouru neuf cents *milles.*

5. Les adjectifs numéraux ordinaux sont **variables** :

▶ les *premiers* hommes ; les cinq *dixièmes.*

6. Les adjectifs numéraux cardinaux employés comme des adjectifs ordinaux sont **invariables** :

▶ la page neuf *cent* = la page neuf *centième.*

Toutefois on écrit : *il est deux* **heures...** *six* **heures,** parce que l'on entend deux *coups...* six *coups.*

7. Il faut mettre le **trait d'union** entre les unités et les dizaines sauf si elles sont unies par **et** ; mais on tolère la suppression du trait d'union :

▶ dix-huit, dix huit ; cent vingt-six, cent vingt six ; cinq cent vingt et un.

V. Cas particuliers d'accord

I. Accord dans l'expression « avoir l'air »

● Avec l'expression « **avoir l'air** », **l'adjectif** peut s'accorder avec **air** ou avec le **sujet** de « avoir l'air », lorsqu'il s'agit des **personnes.** Les deux accords sont valables :

▶ La fillette a l'air *doux* ou *douce* ; ils ont l'air *gentil* ou *gentils.*

● S'il s'agit des **choses,** l'accord se fait avec le **sujet** :

▶ la récolte a l'air *belle.*

● Avec l'expression **un air**, l'adjectif reste au **masculin** :

▶ la fillette a **un** air *doux.*

II. Nu-, demi-, mi-, semi

1. Les adjectifs **nu** et **demi** placés **devant** le **nom** sont **invariables** et s'y joignent par un trait d'union.

Placés **après** le nom, ils **s'accordent** avec celui-ci :
nu, en genre et en nombre ; **demi**, en genre seulement.

▶ *Nu*-jambes   des *demi*-heures   deux heures et *demie*
  les jambes *nues*   des *demi*-pains   deux pains et *demi*.

2. **Mi** et **semi** sont toujours **invariables** :

▶ à *mi*-hauteur   des visites *semi*-officielles.

3. **Demi** placé **devant** un **adjectif** est **adverbe** :

▶ des haricots demi-secs.

4. **A demi, adverbe** devant un **adjectif, refuse le trait d'union** :

▶ la porte à *demi fermée* = la porte fermée à *demi*.

5. **A nu** est un adverbe **invariable** :

▶ une épaule à *nu*.

6. **Demi** et **nu** peuvent être employés comme **noms** :

▶ l'horloge sonne les *demies* ; nous avons bu deux *demis*.
  Cet artiste peint de beaux *nus*.

III. Tout

Tout peut être **adjectif, pronom, adverbe** ou **nom.**

1. **Tout** est **adjectif** et **s'accorde** quand il se rapporte à un **nom** ou à un **pronom** :

▶ *Toutes* les villes, à *toutes* jambes, *tous* ceux qui...

a/ **Tout** a la valeur d'un **adjectif qualificatif** quand, **au singulier,** il a le sens :

▶ • de **entier** : *Toute* la classe, à *toute* vitesse, *tout* ceci.
  • de **seul** : Pour *tout* ami, le berger a son chien.

b/ **Tout** est **adjectif indéfini** quand, **au singulier,** il a le sens : de **chaque,** de **n'importe quel** :

▶ A *toute* minute, à *tout* instant, en *toute* occasion.

On écrit :

▶ de **tout** côté *ou* de **tous** côtés ; en **tout** sens *ou* en **tous** sens.

2. **Tout** est **pronom indéfini** et s'accorde quand il remplace un nom. Il est alors sujet ou complément :

▶ *Tout* revit. Le maître donnait à *tous* des récompenses.

3. **Tout** est **adverbe**, le plus souvent **invariable**, quand il est placé devant un adjectif qualificatif ou un adverbe :

▶ Les enfants ont des sacs *tout* neufs **(tout = tout à fait).**
Tout adroits qu'ils sont, ils manquent le but **(tout = si).**
La voiture roule *tout* doucement.

Devant un **adjectif qualificatif féminin** commençant par une consonne ou une **h** aspirée, **tout s'accorde par euphonie** :

▶ La poule *toute* blanche a les plumes *toutes* hérissées.

Tout est aussi adverbe dans :

▶ *Tout* laine. *Tout* en larmes...

4. **Tout** est un **nom** quand il est précédé d'un article ou d'un adjectif déterminatif. Il ne s'emploie qu'au masculin et fait au pluriel **touts.**

▶ Prenez le *tout.*
▶ Des *touts* harmonieux.

5. **Tout** devant l'adjectif **autre** :

a/ est **adjectif** s'il se rapporte au nom *(n'importe quel).*

▶ A *toute autre* ville, je préfère Paris (à n'importe quelle ville).

b/ est **adverbe** s'il modifie autre *(= tout à fait).*

▶ Il fait de *tout autres* conditions (tout à fait autres).

IV. Même

Même peut être **adjectif indéfini, adverbe** ou **pronom.**

1. **Même** est **adjectif indéfini variable,** quand il se rapporte à un nom (dans ce cas il a le plus souvent le sens de *pareil,* de *semblable* et précède le nom) ou à un **pronom** dans les expressions comme *nous-mêmes, ceux mêmes* :

▶ Ils ont les *mêmes* livres.
Nous porterons ces sacs nous-*mêmes.*
Les enfants *mêmes* chantaient.

2. **Même** est **adverbe, invariable,** quand il modifie un verbe ; est **adjectif** quand il est placé après une énumération ou devant le nom précédé de l'article :

> ▶ Les poules picorent *même* les petits cailloux.
> Les canards, *même* petits, aiment l'eau.
> Les vaches, les génisses, les chiens *même* somnolaient.
> *Même* les pigeons venaient à son appel.

3. **Même** est **pronom** et variable, quand il est précédé de l'article et quand il remplace un **nom** :

> ▶ Cette robe me plaît, j'achèterai la *même*.
> Ces livres sont intéressants, procurez-vous les *mêmes*.

Remarques

1. **nous-même (s)** et **vous-même (s)** s'écrivent **avec s** ou **sans s,** selon que ces expressions désignent une personne ou plusieurs personnes :

> ▶ Le roi disait, en parlant de lui : « Nous étudierons cette affaire *nous-même*. »
> Nous porterons ces sacs *nous-mêmes*.
> Monsieur, avez-vous, *vous-même*, vérifié ce travail ?
> Mes enfants,vous chercherez, *vous-mêmes*, ce problème.

2. **Même** placé après un ou plusieurs noms est **adverbe** ou **adjectif indéfini** selon le sens que l'on veut donner à même :

> ▶ Les enfants *même* (aussi) chantaient.
> Les enfants *mêmes* (eux-mêmes) chantaient.
> Les vaches, les génisses, les chiens *même* (aussi) somnolaient.
> Les vaches, les génisses, les chiens *mêmes* (eux-mêmes) somnolaient.

● Les deux orthographes sont admises par l'arrêté du 26 février 1901.

V. Quelque (s) - Quel (s) que - Quelle (s) que

Quelque peut être **adjectif indéfini** ou **adverbe.**

1. **Quelque** est **adjectif indéfini** quand il se rapporte à un nom, même précédé d'un adjectif qualificatif.
Il a souvent le sens de *plusieurs* et prend alors une **s** :

> ▶ La bergère garde *quelques* moutons.
> *Quelques* jeunes élèves jouent dans la cour.

Il a aussi des sens divers : *un, du, certain, quelconque...* et ne s'emploie alors qu'au singulier, **sans s** :

> ▶ Le martinet niche dans *quelque* trou.
> Tu fais preuve de *quelque* ingéniosité.

2. **Quelque** est **adverbe** quand il se rapporte à un **adjectif qualificatif,** à un participe passé, à un adjectif numéral ou à un adverbe. Il a souvent le sens de *si* ou d'*environ* :

▶ *Quelque* adroits qu'ils soient, ils manquent le but.
Quelque bonnes paroles que vous lui prodiguiez, vous ne le consolerez pas.
Il a *quelque* cinq cents mètres à faire.
Quelque rapidement que tu fasses, tu manqueras le train.

Toutefois devant cent et mille, **quelque** est, **selon le sens,** adjectif indéfini ou adverbe :

▶ Il a *quelque* cent mètres à faire (*environ* cent...).
Il a *quelques* cents mètres à faire (*plusieurs* cents...).
Je lui dois *quelque* mille francs (*environ* mille...).
Je lui dois *quelques* mille francs (*plusieurs* mille...).

3. **Quel (s) que, quelle (s) que.** Ces expressions construites avec *être, devoir être, pouvoir être,* au subjonctif, s'écrivent en deux mots.

Quel, adjectif indéfini, s'accorde en genre et en nombre avec le sujet du verbe dont il est **attribut.**

Que est **conjonction de subordination** :

▶ *Quelle que* soit ta force, tu trouveras ton maître.
Quels que soient tes ennuis, réagis.

4. Retenons l'orthographe de :
quelque temps, quelque part, quelquefois, quelque chose.

VI. Chaque - Chacun - Maint - Nul - Tel - Tel quel

▶ **Chaque** livre vaut deux cents francs. Ces livres valent deux cents francs **chacun.**

▶ **Maint** livre, **mainte** peine, **maints** soucis, **maintes** fois.

▶ **Nul** chant, **nulle** offense, un devoir **nul,** une copie **nulle.**

▶ **Tel** enfant, **telle** fille, **tels** villages, **telles** villes.

▶ Je laisserai le jardin **tel quel,** la maison **telle quelle.**

Règles

1. **Chaque** est un **adjectif indéfini** qui marque toujours le singulier.
Chacun est un **pronom indéfini** toujours au singulier, mais qui s'accorde en genre.

▶ *Chaque* livre vaut deux cents francs.
Ces livres valent deux cents francs *chacun.*

41

2. **Maint** est **adjectif indéfini** et **s'accorde** en **genre** et en **nombre** :

▶ *Maint* livre, *maints* objets, *maintes* fois (toujours pluriel).

3. **Nul** et **tel** sont **adjectifs** quand ils se rapportent à un nom.

a/ **Nul** est **adjectif qualificatif** au sens de **sans valeur,** et s'accorde en genre et en nombre.

▶ Un résultat *nul,* une composition *nulle.*

b/ **Tel** est **adjectif qualificatif** au sens de *pareil,* de *semblable,* de *si grand,* et s'accorde en genre et en nombre.

▶ De *tels* hommes honorent la patrie.
Il poussa un *tel* cri qu'il nous fit sursauter.

c/ **Nul** et **tel** sont **adjectifs indéfinis** dans les autres cas. Si **tel** s'accorde alors en genre et en nombre, **nul,** qui s'accorde en genre, ne peut prendre le pluriel que devant un nom qui n'a pas de singulier.

▶ *Nulle* autre femme dans la rue. *Nulles* épousailles ne furent plus gaies.
On n'entendait *nul* bruit.
Vous prendrez *tel* chemin que vous voudrez.

4. **Nul** et **tel** sont **pronoms indéfinis** quand ils remplacent le nom.

▶ *Nul* ne peut se vanter de se passer des hommes.   (SULLY-PRUDHOMME.)

▶ *Tel* qui rit vendredi, dimanche pleurera.   (RACINE.)

5. L'expression **tel quel** est une **locution adjective indéfinie** qui s'accorde avec le nom auquel elle se rapporte.

▶ Je laisserai le jardin *tel quel,* la maison *telle quelle.*

● Ne confondons pas *tel quel* avec **telle qu'elle** qui peut faire **tel qu'il.**

6. **Tel** s'accorde avec le nom ou les noms qui suivent et **tel que** avec le nom qui précède.

▶ J'aime les fruits *telles* les cerises, les fraises, les pêches.

▶ J'aime les fruits *tels* que les cerises, les fraises...

7. Retenons l'orthographe de **nulle part** adverbe.

8. **Aucun, aucune,** adjectifs indéfinis, marquent le singulier. Cependant, placés devant des noms toujours pluriel, ils se mettent au pluriel :

▶ *Aucuns* frais, *aucunes* semailles.

CHAPITRE 7

L'ADVERBE

L'adverbe est toujours **invariable.**

Remarques

1. Beaucoup d'**adverbes** ont la terminaison **e.n.t.**
Il ne faut pas les confondre avec les noms en **e.n.t.**, variables :

▶ Les *hurlements* du chien déchiraient tristement la nuit.

2. L'**adjectif qualificatif** peut être pris **adverbialement** ; dans ce cas, il est invariable :

▶ Les petits chardonnerets sont assez *drus*.   (J. RENARD.)
Les grêlons cinglaient *dru* ; ils tintaient sur les tuiles.   (R. ROLLAND.)

3. Ensemble, debout, pêle-mêle sont **invariables** :

▶ Les vieux cerisiers avaient fleuri tous **ensemble**[1].   (A. THEURIET.)
Les trois cavaliers sont **debout** sur les étriers.   (J. PEYRÉ.)
Les petites s'échappaient **pêle-mêle**...   (E. ET J. DE GONCOURT.)

4. L'**adverbe** formé avec l'**adjectif** en :

● **e.n.t** s'écrit **e.mment** :

▶ décent, décemment.

● **a.n.t** s'écrit **a.mment** :

▶ vaillant, vaillamment.

5. Certains adverbes en **ument** prennent **un accent circonflexe sur l'u,** d'autres n'en prennent pas :

▶ assidûment, congrûment, continûment, crûment, drûment, dûment, goulûment, incongrûment, indûment, sûrement.

▶ absolument, ambigument, éperdument, ingénument, irrésolument, résolument.

Cet accent circonflexe sur l'**u** est la survivance d'un **e** féminin. Mais *assidûment* et *absolument* ayant la même formation, rien n'explique cette anomalie.

● On écrit **gaiement** ou **gaîment. - Vraiment** n'a qu'une orthographe.

---

1. A noter qu'**ensemble** peut s'employer comme nom : **des ensembles seyants.**

CHAPITRE 8

LE VERBE

I. L'infinitif

L'infinitif est invariable :

▶ Les pierres parlent à ceux qui savent les *entendre*.

Il ne faut pas confondre l'**infinitif** en **i.r.** avec la **3ᵉ personne du pluriel du passé simple** en **i.r.e.n.t.** Quand on peut mettre l'**imparfait à la place du mot**, il faut écrire la terminaison **i.r.e.n.t.** du passé simple.

▶ A cinq heures les élèves *finirent* leur devoir.

Car on pourrait dire :

▶ A cinq heures les élèves *finissaient* leur devoir.
A cinq heures les élèves devront *finir* leur devoir.

II. Accord du verbe

● On s'arrête à chaque verbe et on pose la question :
« *Qui est-ce qui ?* »

▶ Sous les coups du mistral ou de la tramontane, la porte *saute, les roseaux crient...*   (A. DAUDET.)

▶ Le blé et l'orge *balançaient* leurs épis.   (J. JAUBERT.)

I. Règles

a/ Le **verbe** s'accorde en **nombre** et en **personne** avec **son sujet**.

On trouve le sujet en posant la question *qui est-ce qui ?*

b/ **Deux sujets singuliers** valent un **sujet pluriel**.

● Qui est-ce qui **saute** ? **la porte**, 3ᵉ pers. du sing. : **saute (e)**.
● Qui est-ce qui **crient** ? **les roseaux**, 3ᵉ pers. du plur. : **crient (e.n.t)**.
● Qui est-ce qui **balançaient** ? **le blé et l'orge**, 3ᵉ pers. du plur. : **balançaient (e.n.t)**.

II. Pièges à éviter

Le verbe s'accorde toujours avec son sujet. Mais il faut savoir reconnaître celui-ci, sans se laisser tromper :

a/ par la construction de la phrase : il peut y avoir **inversion** du sujet :

▶ Cette campagne, où *abondaient* les friches, m'enchantait.　(E. HERRIOT.)

b/ par les mots intercalés entre le sujet et le verbe, et notamment les pronoms « **le, la, les, l'** » devant le verbe :

▶ Leur mère *les gouvernait* par la douceur.　(BALZAC.)

▶ L'air *le grisait,* les fleurs *l'attendrissaient.*　(C. WAGNER.)

Remarques
● **Le, la, les, l'** placés devant le **nom** sont des **articles**.
● **Le, la, les, l'** placés devant le **verbe** sont des **pronoms personnels, compléments directs d'objet** du verbe.
● Toutefois **le, la, les, l'** placés devant un verbe suivi d'un infinitif peuvent être sujets de l'infinitif et former avec lui une proposition infinitive complément :

▶ Le soleil se lève. On **le** voit **s'annoncer** de loin.　(J.-J. ROUSSEAU.)

III. Cas particuliers d'accord

1. Le sujet est « tu »
A tous les temps, avec le sujet **tu**, le verbe se termine par **s**.

Exceptions : tu veu**x**, tu peu**x**, tu vau**x**.

Présent	Imparfait	Passé simple	Futur simple
Tu chant**es**	Tu chant**ais**	Tu chant**as**	Tu chant**eras**
Tu fin**is**	Tu finiss**ais**	Tu fin**is**	Tu fin**iras**
Tu entend**s**	Tu entend**ais**	Tu entend**is**	Tu entend**ras**

2. Le sujet est « on »
● **On** (**o.n**) veut le **verbe** à la 3e personne du **singulier** :

▶ *On* ne *fauche* bien que le matin.　(J. CRESSOT.)

▶ Devant le grand feu, *on oubliait* le froid.　(G. DROZ.)

On (**o.n.**) peut se remplacer par **l'homme**, c'est un pronom indéfini, masculin, **singulier**, toujours **sujet** du verbe.

Remarques
● L'adjectif qualificatif et le participe passé qui se rapportent à **on** sont généralement au masculin singulier.

▶ On était **devenu** des cocons, des chrysalides.　(P. LOTI.)

• Toutefois, si **on** désigne d'une manière précise une femme ou plusieurs personnes, l'adjectif qualificatif et le participe passé peuvent être au féminin ou au pluriel[1].

▶ On dort **entassés** dans une niche de terre battue. (P. LOTI.)

3. Le sujet est « qui »
Le pronom relatif **qui** est de la **même personne** que son **antécédent**.
Lorsque le sujet du verbe est **qui**, il faut donc : chercher son **antécédent**.

▶ • Je regardais mon grand-père faire sa barbe, c'est *moi* qui commençais à faire mousser le savon. (GIRARDIN.)

L'antécédent de **qui** est **moi**, 1re pers. du sing., donc : *commençais (a.i.s.)*.

▶ • Il faut endurer tous les heurts sur nos *bêtes* infatigables *qui* butent à chaque pas. (P. LOTI.)

L'antécédent de **qui** est **bêtes**, 3e pers. du plur., donc *butent (e.n.t.)*.

Remarque
• **Qui** peut être aussi **complément**, il est alors précédé d'une préposition : **à, de, pour, après, avec...**

▶ L'homme *à qui* nous avons affaire n'est pas des plus fins de ce monde. (MOLIÈRE.)

4. Quand un verbe a plusieurs sujets résumés dans **un seul mot** comme **tout, rien, ce**, etc., c'est avec ce mot qu'il s'accorde.

▶ La haie, les ormes, les clôtures, tout *semblait* mort, tué par le froid. (G. DE MAUPASSANT.)

5. Quand un verbe a **deux sujets singuliers** unis par **ou** ou par **ni**, il se met au **pluriel** à moins que l'action ne puisse être attribuée qu'à un seul sujet :

▶ Ni le docteur ni Thérèse ne *rient* de ma plaisanterie. (A. FRANCE.)

▶ Le maître attend que le soir qui tombe ou le jour qui blanchit les carreaux lui *emporte* son mal ou sa vie. (A. DAUDET.)

6. Quand un verbe a pour sujet un **collectif** suivi d'un complément, il peut s'accorder, selon le sens, avec le collectif ou avec le complément :

▶ Une armée de servantes, de marmitons se *démenaient*. (E. MOSELLY.)

▶ Une armée de marmites et de casseroles *reposait* sur un lit de braise. (E. MOSELLY.)

---
1. Il est préférable d'éviter ces tournures.

7. Quand les sujets d'un verbe forment une **gradation**, c'est avec **le dernier** que le verbe s'accorde :

> ► Un seul mot, un soupir, un coup d'œil nous *trahit*.   (VOLTAIRE.)

Remarque
Une gradation est une figure dans laquelle les mots ou les idées forment une progression ascendante ou descendante.
Les sujets singuliers disposés en **gradation** ne s'ajoutent pas, ils se fondent dans une seule idée, **l'accord** se fait avec le **dernier sujet** :

> ► Crainte, souci, même le plus léger émoi *s'évaporait* dans son sourire.
> (A. GIDE.)

Au contraire, plusieurs sujets singuliers ne formant pas gradation s'ajoutent et veulent le verbe au pluriel :

> ► La pluie, le vent, l'orage *chantent* à leurs oreilles les enseignements sacrés.   (J. GIONO.)

8. Quand plusieurs sujets singuliers représentent **un seul être** ou **un seul objet**, le verbe reste au singulier :

> ► Comme chaque matin, une mince colonne lilas, une tige de lumière debout, *divise* l'obscurité de la chambre.   (COLETTE.)

9. Quand le sujet d'un verbe est un adverbe de quantité comme **beaucoup, peu, combien, assez,** etc., le verbe se met au pluriel :

> ► Beaucoup en *ont* parlé, mais peu l'*ont* bien connue.   (VOLTAIRE.)

10. Quand le sujet comprend la locution **le peu de**, ou **plus d'un**, le verbe est indifféremment singulier ou pluriel :

> ► Le peu de cheveux qui reste *grisonne* allégrement.   (G. DUHAMEL.)

> ► Le peu de matelots qui *restaient* essayèrent d'implorer la pitié des révoltés.   (MÉRIMÉE.)

> ► Plus d'un char grinçait (grinçaient) sous le poids des sacs de grain.

11. *C'est - Ce sont - C'était - C'étaient...*
Le verbe **être**, précédé de **ce** ou de **c'**, se met généralement au **pluriel** s'il est suivi d'un **nom** au **pluriel**, d'une **énumération**, ou d'un **pronom** de la **3ᵉ** personne du **pluriel** :

> ► *C'est* un vieux chien. *Ce sont* de vieux chiens.
> *C'était* un bouvreuil. *C'étaient* des bouvreuils.
> *C'est* lui, *c'est* elle. *Ce sont* eux, *ce sont* elles.
> J'aime trois fleurs : *ce sont* la rose, l'œillet, la tulipe.

III. Accord du participe passé

I. Le participe passé employé avec « être »

Le participe passé employé avec l'auxiliaire *être* **s'accorde** en **genre** et en **nombre** avec le **sujet** du verbe :

▶ La rue Marcadet à son tour est *franchie*.   (J. ROMAINS.)

▶ Nous étions *mouillés*, nous avions faim.   (A. DAUDET.)

▶ Les prés, au bord de l'eau, sont *séparés* par des haies épaisses.

(G. DUHAMEL.)

- Qui est-ce qui « **est** franchie » ? **la rue**, f. sing., donc : **franchie (i.e)**.
- Qui est-ce qui « **étions** mouillés » ? **nous**[1], m. pl., donc : **mouillés (é.s)**.
- Qui est-ce qui « **sont** séparés » ? **les prés**, m. pl., donc : **séparés (é.s)**.

Remarques

1. Lorsqu'une expression est formée de **avoir** et de « **été** », c'est du verbe **être** qu'il s'agit. Dans ce cas, le participe passé s'accorde avec le sujet :

▶ La glissade avait été particulièrement soignée.   (L. PERGAUD.)

2. Le participe passé des verbes qui se conjuguent toujours avec **être**, comme *tomber, arriver, partir*, et le participe passé des verbes passifs, comme *être aimé, être fini*, forment avec *être* un temps de ces verbes. L'auxiliaire et le participe passé ne doivent pas être séparés dans l'analyse :

▶ Tout à coup le tonnerre a grondé, la pluie *est tombée*.   (J. VALLÈS.)

▶ Les quais *étaient envahis* d'une foule affairée.   (A. DAUDET.)

- **est tombée** : passé composé du verbe **tomber**.
- **étaient envahis** : imparfait du verbe passif **être envahi**.

3. En revanche, lorsqu'un participe passé employé accidentellement avec **être** ne forme pas avec cet auxiliaire une tournure passive, le participe passé s'analyse seul. Il est attribut du sujet :

▶ Sur les murs de ma cour, les rosiers blancs étaient *fleuris*.   (P. LOTI.)

- **fleuris** : attribut de *rosiers*.

La distinction est possible quand le participe passé est suivi d'un complément car on peut rendre à la phrase le tour actif :

▶ Les quais *étaient envahis* d'une foule affairée.
Une foule affairée *envahissait* les quais.

---

1. *Nous* peut également être féminin pluriel. Dans ce cas, *mouillés* s'écrirait mouillées (é.e.s).

II. Le participe passé employé avec « avoir »

1. Pas d'accord avec le sujet

Le verbe **avoir** n'est pas attributif.
Le participe passé employé avec l'auxiliaire *avoir* **ne s'accorde jamais** avec le sujet du verbe.

▶ Nous *avons rêvé* de pays inconnus. (M. HERZOG.)

▶ Des campanules mauves, des aigremoines jaunes *ont jailli* en fusée.
(COLETTE.)

2. Cas où l'accord se fait avec le complément d'objet direct

Le participe passé employé avec l'auxiliaire *avoir* ne s'accorde jamais avec le sujet du verbe, **mais il s'accorde en genre et en nombre avec le complément direct d'objet quand celui-ci est placé avant le participe :**

▶ Les feuilles *avaient jauni,* je ne sais quelle impression hâtive d'automne était dans l'air. (P. LOTI.)

▶ La vieille *avait décroché* la marmite de sa crémaillère et l'avait *posée* par terre. (F. MISTRAL.)

▶ Les oiseaux qu'on a *connus* dans l'enfance répètent les mêmes appels familiers. (A. THEURIET.)

▶ On nous a *entendus,* la porte s'ouvre. (G. DROZ.)

Il faut poser la question **qui ?** ou **quoi ?** pour trouver le complément direct d'objet.

● Les feuilles *avaient jauni* **qui ? quoi ?** Pas de complément direct d'objet → **pas d'accord.**
● La vieille *avait décroché* **quoi ? la marmite,** complément direct d'objet placé **après** le participe → **pas d'accord.**
● La vieille *avait posé (e)* **quoi ? l' (la marmite),** complément direct d'objet placé **avant** le participe → **accord,** *marmite* fém. sing., donc *posée* **(é.e).**
● On a *connu (s)* **quoi ? que** (les **oiseaux**), complément direct d'objet placé **avant** le participe passé → **accord,** *oiseaux,* masc. plur., donc *connus* **(u.s).**
● On a *entendu (s)* **qui ? nous,** complément direct d'objet placé **avant** le participe → **accord,** *nous,* masc. plur.[1], donc *entendus* **(u.s).**

Remarque
Lorsqu'il y a accord du participe passé employé avec *avoir* avec le complément direct d'objet, ce complément se présente presque toujours sous la forme d'un pronom personnel : **le, la, les, l', nous, vous,** etc. ou du pronom relatif **que.**
Pourtant, dans une proposition interrogative ou exclamative, le complément direct d'objet peut être un nom :

▶ Quelles *personnes* avez-vous rencontrées ?

---

1. Cf. note p. 48.

III. Cas particuliers de l'accord du participe passé employé avec « avoir »

1. Le participe passé est suivi d'un infinitif
Le participe passé employé avec *avoir* et suivi d'un **infinitif** s'accorde si le complément direct d'objet, étant placé avant le participe, fait l'action exprimée par l'infinitif.

▶ Les enfants que j'ai *vus* jouer formaient un groupe joyeux.

● **« Que »** *(les enfants)* **jouaient.** Le complément direct d'objet fait l'action exprimée par l'infinitif → **accord.**

▶ La pièce que j'ai *vu* jouer m'a ému.

● **« Que »** *(la pièce)* **est jouée.** Le complément direct d'objet ne fait pas l'action exprimée par l'infinitif, il la subit → **pas d'accord.**

Remarques
a/ Le participe passé **fait** suivi d'un infinitif est **toujours** invariable :

▶ Ces jolies roses, je vous les ai *fait* porter par Jean-Paul et Annie.

b/ Le participe passé **laissé** suivi d'un infinitif peut s'accorder ou rester invariable. Les deux orthographes sont admises :

▶ Il portait une *carafe ; il l'a laissé (e)* tomber.

2. Le participe passé est précédé de « en »
En pronom personnel peut être équivalent à **de cela** et peut remplacer un nom précédé de la préposition **de.**
Lorsque le complément d'objet du verbe est **en**, le participe passé reste **invariable.**
Toutefois si le verbe précédé de **en** a un complément direct d'objet placé avant lui, le participe passé s'accorde :

▶ Voyez ces odorants lilas, j'*en* ai cueill*i* pour ma mère.
Il a vu ma mère ; voici les *nouvelles qu'*il m'*en* a donné*es.*

● Dans le premier exemple **en** *(= de ces lilas)* est le complément d'objet du verbe (avec le sens **partitif**).
● Dans le second exemple **en** *(= de ma mère)* n'a rien à voir avec le verbe et est le complément déterminatif de *nouvelles.*
C'est ce mot qui est le complément direct d'objet du verbe, et, vu sa position, l'accord se fait normalement.

3. Le participe passé des verbes **impersonnels** ou employés à la **forme impersonnelle** reste **invariable** :

▶ Les chaleurs qu'il y a *eu* ont tout brûlé.
Les orages qu'il a *fait* ont ravagé les cultures.

4. Avec certains verbes : *courir, coûter, dormir, peser, régner, valoir, vivre,* le pronom relatif **que** est souvent complément circonstanciel : de valeur, de poids, de durée, etc., et quelquefois complément d'objet.

Le participe passé **ne s'accorde** qu'avec **que, complément direct d'objet,** suivant la règle générale ; il reste **invariable** si **que** est **complément circonstanciel** :

▶ Les compliments que son attitude courageuse lui a *valus* étaient mérités.

▶ En voyant ce tableau, vous n'imagineriez pas la somme qu'il a *valu.*

● Dans le premier exemple *valoir des compliments = procurer des compliments* : **compliments** est le complément direct d'objet de **valoir.**

● Dans le deuxième exemple *valoir une somme,* **somme** est le complément circonstanciel de prix.

5. Les participes passés *dû, cru, pu, voulu* sont **invariables** quand ils ont pour **complément d'objet un infinitif sous-entendu** :

▶ Je n'ai pas fait toutes les démarches que *j'aurais dû* (faire).

▶ Je me suis entièrement libéré des sommes que j'ai *dues.*

6. Lorsque le complément direct d'objet, placé devant le participe est un collectif suivi de son complément, l'accord se fait soit avec le collectif soit avec le complément selon le sens.

▶ Le vol de canards sauvages que j'ai *aperçu (s)...*

IV. Le participe passé des verbes pronominaux

1. Le participe passé des verbes employés sous la forme **pronominale,** comme *s'arranger, s'habituer, se couper, se battre* (verbes appartenant aux catégories 2 et 3, p. 109), **s'accorde** en **genre** et en **nombre** avec le **complément direct d'objet quand celui-ci est placé avant le participe.** Il faut donc remplacer l'auxiliaire **être** par l'auxiliaire **avoir** et poser la question **qui ?** ou **quoi ?** On a ainsi :

▶ Elle s'était *arrangé* une toilette très soignée.　　　(A. DAUDET.)

● Elle **avait** *arrangé* **quoi ?** **une toilette,** complément direct d'objet, placé **après** le participe → **pas d'accord : se** = pour elle (complément indirect).

▶ Tante Claire s'était *habituée* à lire le grec.　　　(P. LOTI.)

● Tante Claire **avait** *habitué (e)* **qui ?** **elle-même** *(se)* complément direct d'objet, placé **avant** le participe → **accord, se,** 3e personne du féminin singulier, donc *habituée* **(é.e).**

2. Le participe passé des verbes **essentiellement pronominaux** (catégorie 1, p. 108), comme *s'enfuir, se blottir, se cabrer, s'emparer,* **s'accorde** en **genre** et en **nombre** avec le **sujet** du verbe :

> ▶ Les oiseaux se sont *enfuis* vers des régions plus chaudes. (X. MARMIER.)

● Les oiseaux **se sont enfuis. Qui est-ce qui** *se sont enfuis ?* les oiseaux, masculin pluriel, donc *enfui* **(i.s).**

Remarques
1. Le participe passé d'un verbe pronominal réfléchi ou réciproque suivi d'un infinitif observe la règle d'accord du participe passé employé avec *avoir* suivi d'un infinitif :

> ▶ Les oiseaux ont eu peur et *se sont arrêtés* de chanter. (A. DAUDET.)

> ▶ Leurs leçons se sont *fait* entendre. (E. FROMENTIN.)

> ▶ Elle a mis un disque et, ravie, *s'est entendue* chanter.

> ▶ Quand elle *s'est entendu* appeler, elle s'est retournée et a souri.

2. Certains verbes comme *se parler, se plaire, se ressembler, se rire, se succéder,* etc., n'ont jamais de complément direct. Leur participe passé reste **invariable** :

> ▶ Les années se *sont succédé* aussi heureuses les unes que les autres.

3. Le verbe essentiellement pronominal *s'arroger* a toujours un complément direct d'objet. *Arrogé* ne s'accorde donc jamais avec le sujet du verbe mais il s'accorde avec le complément direct d'objet quand celui-ci est placé avant le participe :

> ▶ Ils se *sont arrogé* des droits.
> Ces privilèges qu'ils *se sont arrogés* sont excessifs.

4. Ne confondons pas le pronominal *se parler* (parler à soi) au participe invariable : *Ils se sont parlé,* avec *se parler,* **passif** au participe variable :

> ▶ Autrefois dans nos provinces, les patois *se sont parlés* plus que le français.

IV. Le participe présent - L'adjectif verbal

1. Le **participe présent** est une forme verbale qui marque une **action** et peut avoir un complément d'objet ou de circonstance. Il est **invariable.**

> ▶ On entend les bêlements naïfs des agnelles *appelant* les brebis.

> ▶ On entend les bêlements naïfs des agneaux *appelant* les brebis.
> (E. POUVILLON.)

2. **L'adjectif verbal** marque l'**état,** la **qualité.** Il a la valeur d'un véritable qualificatif. Il est **variable.**

▶ Les ressorts *grinçants* commencent un petit refrain. (R. ESCHOLIER.)

▶ Les roues *grinçantes* commencent un petit refrain.

Le participe présent et l'adjectif verbal ont très souvent la même terminaison : **a.n.t.**

Pour éviter la confusion il faut d'abord se rapporter au **sens de la phrase** ; on peut aussi remplacer le nom masculin qui accompagne le mot verbal en **a.n.t** par un nom féminin et voir si l'accord en **a.n.t.e** se ferait ; mais il faut toujours lire la phrase en entier.

Remarques

1. Lorsque la forme verbale en **a.n.t** est précédée de **en,** on l'appelle **gérondif.** Le gérondif est **invariable.**

▶ Les vents chassent les nuages *en* les *croisant* les uns sur les autres.

(B. DE SAINT-PIERRE.)

2. L'adjectif verbal peut avoir une orthographe différente de celle du participe présent. Quelquefois c'est l'orthographe interne qui est modifiée, quelquefois c'est la terminaison qui de **a.n.t** devient **e.n.t.**

C'est le cas de :

▶ Part. présents	Adjectifs	Part. présents	Adjectifs
communiquant	communicant	extravaguant	extravagant
convainquant	convaincant	fatiguant	fatigant
provoquant	provocant	intriguant	intrigant
suffoquant	suffocant	naviguant	navigant
adhérant	adhérent	excellant	excellent
coïncidant	coïncident	expédiant	expédient
convergeant	convergent	influant	influent
différant	différent	négligeant	négligent
divergeant	divergent	précédant	précédent
équivalant	équivalent	violant	violent

A cette liste, il convient d'ajouter quelques noms :

▶ Part. présents	Noms
affluant,	affluent,
confluant,	confluent,
excédant,	excédent...
fabriquant,	fabricant,
présidant...	président...

CHAPITRE 9

CONFUSIONS GRAMMATICALES A ÉVITER

I. Ces - Ses

Ces (c.e.s) est un **adjectif démonstratif,** pluriel de **ce, cet** ou de **cette.**
Ses (s.e.s) est un **adjectif possessif,** pluriel de **son** ou de **sa.** Il faut écrire
ses (s.e.s) quand, après le nom, on peut dire **les siens, les siennes,** ou
quand, au singulier, on dirait **son** ou **sa** :

> ▶ Il a égratigné *ses* mains à *ces* buissons.
> Il a égratigné *sa* main à *ce* buisson.

II. Se - Ce

Ce (c.e) est un **adjectif** ou un **pronom démonstratif.**
Se (s.e) est un **pronom personnel** réfléchi.
Se ne s'écrit **s.e** que dans les **verbes pronominaux** ; en les conjuguant, on
peut remplacer **se (s.e)** par **me, te...**

> ▶ Ce petit lézard vert *se glisse* sous les pierres.

● Verbe pronominal *se glisser* : je *me* glisse, tu *te* glisses, il *se* glisse...

Dans tous les autres cas, il faut écrire **ce (c.e).**

> ▶ Ce dont vous parlez m'intéresse beaucoup.

Dans : *ce dont vous parlez,* **ce (c.e)** ne peut pas se remplacer par **me, te...**

Remarque
Se, pronom personnel réfléchi, est **toujours** complément d'objet ou d'attribution :
a/ direct d'objet : La vague *se* brise sur les rochers.
b/ indirect d'objet : Ils *se* sont écrit pendant les vacances.
c/ d'attribution : Ils *se* sont donné quelques jours de repos.
Dans les verbes essentiellement pronominaux comme : *s'emparer, se blottir,*
s'enfuir, etc., **se** ne peut se séparer du verbe et ne s'analyse pas.

III. C'est, S'est — C'était, S'était

Se (s.e) et **s'** appartiennent au **verbe pronominal** :

▶ *C'est* un hérisson qui *s'est* caché dans l'herbe.

• Verbe pronominal *se cacher.*

▶ *C'était* un hérisson qui *s'était* caché dans l'herbe.

Se ne s'écrit **s.e.** que **dans les verbes pronominaux ; en les conjuguant,** on peut remplacer **se (s.e)** par **me, te...**

▶ Je *me* suis caché, tu *t'*es caché, il *s'*est caché.

Dans tous les autres cas, il faut écrire **ce (c.e).**
Ainsi dans : **c'**est un hérisson, **c'** a le sens de **cela.**
De plus, cette expression **ne peut pas se conjuguer** à toutes les personnes.

IV. Leur, pronom personnel — Leur, adjectif possessif

1. **Leur** placé près du verbe, quand il est le pluriel de **lui,** est un pronom personnel complément et s'écrit toujours **l.e.u.r.** (invariable).

▶ Le soleil ardent *leur* brûlait la nuque et les gouttes de sueur *leur* brûlaient les yeux. (L. HÉMON.)

Remarques
• *Leur,* pronom, peut être :
a/ Complément indirect d'objet :

▶ Paul aime ses parents et *leur* obéit.

b/ Complément d'attribution :

▶ Le maître parle aux élèves et *leur* donne des conseils.

• Un verbe ne peut avoir de complément d'attribution que s'il a déjà un complément d'objet (attribution de l'objet).

2. Ne confondons pas **leur** pronom personnel avec **leur** adjectif possessif qui prend une **s** quand il se rapporte à un nom pluriel :

▶ Les oiseaux s'enlèvent avec *leur proie* au bec et battent l'air de *leurs ailes* frénétiques. (A. DAUDET.)

V. Si, S'y —
Ni, N'y

Ne confondons pas **si** (**s.i**) conjonction ou adverbe, **ni** (**n.i**) conjonction avec **s'y** (**s.'y**), **n'y** (**n.'y**) qui, formés de **deux mots,** peuvent se décomposer en **se... y, ne... y.**

De plus, **s'y** (**s.'y**) fait partie d'un **verbe pronominal** et peut se remplacer par **m'y, t'y** :

> ▶ Le papillon trouve la rose *si* belle qu'il *s'y* pose *(se poser)*.
> *Ni* les menaces *ni* les prières *n'y* feront rien *(ne feront rien à cela)*.

Remarques
- **Si,** adverbe = *tant, tellement.* **Y,** adverbe =*là.*
- **Y** est pronom personnel quand il représente un nom. Il peut être :

1. Complément indirect d'objet :

> ▶ Annie a un devoir à faire, elle *s'y* met avec ardeur.

2. Complément circonstanciel de lieu :

> ▶ Le fermier ouvre l'écurie, le cheval *s'y* engouffre en hennissant.

VI. Sans, S'en, C'en —
Dans, D'en

Ne confondons pas **sans** (**s.a.n.s**), **dans** (**d.a.n.s**) prépositions avec **s'en** (**s.'e.n**), **d'en** (**d.'e.n**) qui, formés de **deux mots,** peuvent se décomposer en **se... en, de... en.**
De plus, **s'en** (**s.'e.n**) fait partie d'un **verbe pronominal** et peut se remplacer par **m'en, t'en.**

C'en signifie **cela en** :

> ▶ Il a un passé *sans* tache, il *s'en* glorifie *(se glorifier)*.
> Il s'est égaré *dans* la forêt, il a hâte *d'en* sortir *(de sortir)*.
> *C'en* est fait. Nous avons couru, mais le train est parti.
> *Cela en* est fait. Nous avons couru...

Remarques
En peut être **pronom personnel, préposition, adverbe.**

1. **En** est **pronom personnel** quand il représente un nom. Il peut être :
- complément du verbe :

> ▶ La chouette fait la chasse aux rongeurs et s'*en* nourrit.

- complément du nom :

  ▶ L'abeille se pose sur les fleurs afin d'*en* pomper le suc.

- complément de l'adjectif :

  ▶ J'aime ma famille ; j'*en* suis fier.

- complément de l'adverbe :

  ▶ Je suis allé aux champignons ; j'*en* ai cueilli beaucoup.

En est **pronom personnel neutre** et généralement complément quand il signifie *de cela*. Il peut remplacer alors une proposition :

▶ Il est paresseux, il s'*en* repentira.

2. En est **préposition** quand il introduit un complément du verbe, du nom, de l'adjectif :
- du verbe :

  ▶ Je monte *en* avion.

- du nom :

  ▶ Une bague *en* or.

- de l'adjectif :

  ▶ Riche *en* couleurs.

3. En est **adverbe** quand il indique le lieu, il signifie *de là*.

▶ Je suis allé à Paris, j'*en* reviens.

Il est également adverbe dans certains gallicismes et ne s'analyse pas :

▶ s'*en* aller, s'*en* retourner, s'*en* venir, s'*en* tenir, c'*en* est fait, *en* imposer...

VII. Quel (s), Quelle (s), Qu'elle (s)

Il ne faut pas confondre **quel, adjectif,** variable en genre et en nombre, avec **qu'elle** ayant une apostrophe. Lorsqu'on peut remplacer **qu'elle** par **qu'il** il faut mettre **l'apostrophe :**

▶ *Quelle* belle rose !
Quel beau dahlia !
Quelles sont ces fleurs ?
Quels sont ces fruits ?

▶ *Qu'elles* sont belles ces roses !
Qu'ils sont beaux ces dahlias !
Le fruit *qu'elle* cueille est beau.
Le fruit *qu'il* cueille est beau.

VIII. Le verbe ou le nom

Ne confondons pas le nom avec une personne du verbe, son **homonyme**.

L'**orthographe** est presque toujours **différente** :

▶ La grive *crie* à travers les pampres.   (L. TAILHADE.)

▶ La chouette lance alors son *cri* de guerre.   (J.-H. FABRE.)

Quelques exceptions :

▶ un murmure, il murmure ; un incendie, il incendie ; un voile, il voile.

D'autre part, **quelques verbes à l'infinitif** et le **nom** ont la **même orthographe** :

▶ lever, *le lever ;* savoir, *le savoir...*

IX. Çà, Ça - Là, La, L'a - Où, Ou

▶ *Çà* et *là* des éclairs sillonnent le ciel. *Ça* m'effraie.

▶ Ce chêne-*là* était le roi de la forêt. *La* foudre *l'a* brisé.

▶ *Où* tu vas, je sais un bois *où* jasent deux *ou* trois ruisseaux.

● **Çà** et **là** adverbes de lieu prennent un accent grave.
Ça sans accent est la contraction de **cela.**

● **Où** prend un accent grave quand il marque le **lieu** ou le **temps.**
Où accentué peut être adverbe ou pronom relatif.
Où est **pronom relatif** quand il a un **antécédent.**
Ou sans accent se remplace par **ou bien** ; c'est une conjonction de coordination.

Çà accentué peut être aussi interjection : *Ah ! çà...*

X. Près, Prêt - Plus tôt, Plutôt

▶ Les skieurs placés *près* du poteau sont *prêts* à partir.
Les skieuses placées *près* du poteau sont *prêtes* à partir.

▶ *Plutôt* que de discuter, partez, vous arriverez *plus tôt.*

● Il faut écrire **prêt** (**p.r.ê.t**) quand on peut le mettre au **féminin**, c'est un adjectif qualificatif.
Dans le cas contraire, il faut écrire **près** (**p.r.è.s**).

● Il faut écrire **plus tôt** en **deux mots** lorsqu'il est le contraire de **plus tard.**
Dans le cas contraire, il faut écrire **plutôt** en **un mot.**

XI. Peu - Peut

▶ Jean-Paul *peut* porter ce paquet *peu* volumineux.
Jean-Paul *pouvait* porter ce paquet *peu* volumineux.

Il ne faut pas confondre **peut** (**p.e.u.t**), du verbe **pouvoir** avec **peu** (**p.e.u**) adverbe de quantité.
Si l'on peut mettre l'imparfait **pouvait,** il faut écrire **peut** (**p.e.u.t**).

Remarque
Peu précédé de l'article défini ou de l'adjectif possessif ou démonstratif est un nom :

▶ *le peu* de savoir : *son peu* de réflexion ; *ce peu* de chance.

XII. Quant à - Quand - Qu'en

Il ne faut pas confondre **quand** (**q.u.a.n.d**) avec **quant** (**q.u.a.n.t**) ni avec **qu'en** (**q.u.'e.n**).
Il faut écrire :

● **q.u.a.n.d.,** si ce mot exprime **le temps.** On peut généralement le remplacer par **lorsque.**

● **q.u.'.e.n.,** si l'on peut décomposer **qu'en** en **que... en.**

● **q.u.a.n.t.,** si ce mot peut être remplacé par **en ce qui concerne.** Dans ce cas, il est suivi de la préposition **à** ou de **au, aux.**

▶ *Quant* à moi, j'irai te voir *quand* il fera beau.
 (en ce qui concerne) (lorsque)

▶ *Qu'en* dis-tu ?
 (Que... en)

Remarque
Quand peut être :
- adverbe interrogatif :

▶ *Quand* viendras-tu nous voir ?

- ou conjonction de subordination :

▶ Les oiseaux chantent *quand* le soleil se lève.

- **Quand** conjonction est l'équivalent de **lorsque**.
- **Quant à** est une locution prépositive.

XIII. Quoique - Quoi que

Quoique en **un seul mot** est une **conjonction de subordination** qui est l'équivalent de *bien que.*
Quoi que en **deux mots** est un **pronom relatif composé** appelé encore pronom relatif indéfini qui a le sens de *quelle que soit la chose que* ou de *quelque chose que.*

▶ *Quoique* la tempête fût un peu moins forte, il ventait encore très fort.

(A. GERBAULT.)

▶ *Quoi que* vous écriviez, évitez la bassesse.

(BOILEAU.)

Remarques
Le verbe qui suit **quoique** ou **quoi que** est généralement au mode subjonctif.
Dans *quoi qu'il en soit,* **quoi qu'** s'écrit en deux mots.

DEUXIÈME PARTIE

CONJUGAISON

CHAPITRE 1

LES TROIS GROUPES DE VERBES

couper le foin   *tendre* un fil   *courir* un danger
fournir un effort   *lire* un livre   *revoir* sa leçon

Remarques

1. *Couper, fournir, tendre, lire, courir, revoir* sont à l'**infinitif**.

2. On classe les verbes en **trois groupes** :

● Le 1er groupe comprend tous les verbes en **e.r** comme **couper**.

● Le 2e groupe comprend les verbes en **i.r** comme *fournir* dont le participe présent est en **issant** :

▶ Nous fourn**issons**   En fourn**issant**

● Le 3e groupe comprend **tous les autres** verbes comme *tendre, lire, savoir* et quelques verbes en **i.r** comme *courir* dont le participe présent est en **ant** :

▶ Nous cour**ons**   En cour**ant**

3. Les verbes **être** et **avoir** n'appartiennent à aucun groupe.

4. Les verbes du **2e groupe (issant)** ont **toujours l'infinitif en i.r.**
Les verbes en « oir » s'écrivent **o.i.r.** sauf **boire, croire, accroire.**
Les verbes en « uir » s'écrivent **u.i.r.e.** sauf **fuir** et s'**enfuir.**
Les verbes en « air » s'écrivent **a.i.r.e. faire, plaire**...

Un certain nombre de verbes du 3e groupe s'écrivent **i.r.**

▶ **courir, cueillir, tressaillir, mourir, offrir, ouvrir, sortir**...

Quelques autres s'écrivent **i.r.e. écrire, lire, rire, suffire**...

● *Maudire,* bien que du 3e groupe, fait **issant** et se conjugue comme *finir*.

CHAPITRE 2

LE PRÉSENT DE L'INDICATIF

I. Valeurs du présent de l'indicatif

1. Le présent de l'indicatif marque surtout que l'action s'accomplit au moment où l'on parle :

> ▶ Loisel **manœuvre** les robinets, **aligne** les chiffres, **compte** les gouttes et **pèse** des grains de poussière. (G. DUHAMEL.)
> ▶ Le rythme du petit train **se rompt,** la locomotive **siffle** longuement, **approche** avec prudence d'une gare. (F. MAURIAC.)

2. Le présent de l'indicatif peut exprimer aussi :

a/ des faits habituels :

> ▶ Les papetiers qui **étaient** à la devanture de leur boutique des images d'Épinal furent d'abord mes préférés. (A. FRANCE.)

b/ des vérités durables :

> ▶ La lune nous **réfléchit** les rayons du soleil.

c/ des proverbes, des maximes, des pensées morales :

> ▶ Qui trop **embrasse** mal **étreint.**

d/ une action passée ou future très proche de l'action présente :

> ▶ Nous **sortons** de table, il y a un instant. (A. DE MUSSET.)
> ▶ Nous **arrivons** demain à Port-Saïd. Escale attendue. (F. DE CROISSET.)

e/ une action passée souvent très ancienne que l'on place dans le présent pour la rendre plus vivante :

> ▶ J'**essayais** de reconstruire dans ma pensée le pauvre navire défunt et l'histoire de cette agonie... Je **voyais** la frégate partant de Toulon... Elle **sort** du port. La mer est mauvaise, le vent terrible ; mais on a pour capitaine un vaillant marin... (A. DAUDET.)

II. Conjugaison du présent de l'indicatif

● On pensera à l'infinitif. Cela permet de trouver la finale des trois personnes du singulier.

Verbes en e.r 1er e 2e e.s. 3e e		Autres verbes 1er s 2e s 3e t ou d	
couper	plier	remplir	tendre
Je coup.e	Je pli.e	Je rempl.is	Je tend.s
Tu coup.es	Tu pli.es	Tu rempl.is	Tu tend.s
Il coup.e	Il pli.e	Il rempl.it	Il ten.d
N. coup.ons	N. pli.ons	N. rempl.issons	N. tend.ons
V. coup.ez	V. pli.ez	V. rempl.issez	V. tend.ez
Ils coup.ent	Ils pli.ent	Ils rempl.issent	Ils tend.ent

Règle fondamentale

Au **présent de l'indicatif,** les **verbes** se divisent en **deux grandes catégories :**

1. Les verbes en e.r, qui prennent **e, e.s, e,** aux personnes du singulier :

▶ je pli.**e**, tu pli.**es**, il pli.**e**.

2. Les autres verbes qui prennent **s, s, t** ou **d,** aux personnes du singulier :

▶ je rempli.**s**, tu rempli.**s**, il rempli.**t**, il ten.**d**.

● **Pour bien écrire un verbe au** *présent de l'indicatif,* **il faut penser à** l'*infinitif,* **puis à la** *personne* :

▶ je plie **(plier)** = **e,** je rempli.s **(remplir)** = s.

▶ envier   mendier   bondir   nourrir   avouer   saluer
  expier   mystifier   fournir   saisir   échouer   créer
  falsifier   solfier   franchir   vieillir   continuer   suppléer

Remarques

● Quelques verbes ne suivent pas cette règle du présent de l'indicatif. Ainsi :
1. *pouvoir, vouloir, valoir* prennent **x, x, t :**

▶ je peu.x, tu peu.x, il peu.t.

2. Les verbes *cueillir, ouvrir* et leurs composés, *offrir, assaillir, tressaillir,* se conjuguent comme les verbes en **e.r** :

▶ je cueill.**e**, tu cueill.**es**, il cueill.**e**.

3. aller fait :

▶ je vai**s**, tu va**s**, il va.

III. Cas particuliers difficiles

I. Verbes du 1er groupe

1. Verbes du type **espérer** *et* **achever**

espérer		achever	
J'espère	Nous espérons	J'achève	Nous achevons
Tu espères	Vous espérez	Tu achèves	Vous achevez
Il espère	Ils espèrent	Il achève	Ils achèvent

● Les verbes comme *espérer* **changent l'accent aigu** de l'avant-dernière syllabe en **accent grave** devant une terminaison **muette.**

▶ tu esp**è**res — vous esp**é**rez.

Il en va de même au présent du subjonctif et à l'impératif. Mais ces verbes gardent **l'accent aigu,** devant le **e** muet, en **syllabe intérieure, du futur et du conditionnel :**

▶ J'esp**é**rerai ; il esp**é**rerait.

● Les verbes comme *achever* (verbes en *-ecer, -emer, -ener, -eper, -eser, -ever, -evrer*) prennent un **accent grave** à l'avant-dernière syllabe devant une terminaison **muette.**

▶ tu ach**è**ves — vous ach**e**vez.

A la différence des verbes précédents, ces verbes prennent un **accent grave** non seulement au présent du subjonctif et à l'impératif mais encore au futur et au conditionnel :

▶ Que j'ach**è**ve ; tu ach**è**veras ; il ach**è**verait.

▶ Verbes comme **espérer**

compléter	imprégner	insérer	rapiécer
aérer	empiéter	pénétrer	repérer
céder	exagérer	posséder	succéder
célébrer	inquiéter	protéger	suggérer
ébrécher	persévérer	tempérer	vénérer

▶ Verbes comme **achever**

emmener	promener
crever	lever
dépecer	mener
égrener	peser
grever	semer

2. Verbes en -eler et en -eter

rappeler		jeter	
Présent	*Imparfait*	*Présent*	*Imparfait*
Je rappelle	Je rappelais	Je jette	Je jetais
Tu rappelles	Tu rappelais	Tu jettes	Tu jetais
Il rappelle	Il rappelait	Il jette	Il jetait
N. rappelons	N. rappelions	N. jetons	N. jetions
V. rappelez	V. rappeliez	V. jetez	V. jetiez
Ils rappellent	Ils rappelaient	Ils jettent	Ils jetaient

Les verbes en **-eler** et en **-eter** prennent généralement **deux l** ou **deux t** devant un **e muet** :

▶ Je rappelle, je rappelais ; je jette, je jetais.

Cette règle, tout comme les remarques qui suivent, vaut pour tous les temps où l ou t se trouvent devant un **e muet** à savoir : le présent, le futur de l'indicatif, l'impératif, le conditionnel, le présent du subjonctif.

Remarques
1. Quelques verbes en **-eler** et en **-eter ne doublent pas** l'l ou le t devant un **e muet** mais s'écrivent avec un **accent grave** sur l'**e** :

▶ Je mart**è**le, je martelais ; j'ach**è**te, j'achetais.

2. Les verbes comme *interpeller* et *regretter* qui ont **deux l** ou **deux t** à l'infinitif gardent les **deux l** ou les **deux t** dans toute la conjugaison.

▶ J'interpelle, j'interpellais ; je regrette, je regrettais.

3. Les verbes comme *révéler* et *inquiéter* dont l'**e** qui précède l'**l** ou le **t** est accentué à l'infinitif, n'ont qu'**une seule l** ou qu'**un seul t** dans toute leur conjugaison, et suivent pour l'accent la même règle indiquée pour *espérer,* p. 64.

▶ Je révèle, je révélais, tu révéleras ; j'inquiète, j'inquiétais, j'inquièterai.

4. Attention à l'orthographe de certains noms d'une même famille qui prennent **deux l** ou **une l, deux t** ou **un t** selon que le son qui suit ces lettres est muet ou plein :

▶ La chandelle, le chandelier ; la charrette, le charretier.

Mais on écrit :

▶ Le papetier, la papeterie ; la prunelle, le prunelier ; la dentelle, la dentellière, la dentelure.

5. Les noms de la famille d'un verbe en **-eler** ou en **-eter** conforment généralement leur orthographe, en ce qui concerne l'**l** ou le **t**, à celle du verbe :

▶ J'amoncelle, un amoncellement ; je martèle, un martèlement.

● *Verbes doublant* l *ou* t *devant un e muet*

▶ amonceler	épeler	renouveler	empaqueter
atteler	étinceler	ressemeler	épousseter
botteler	ficeler	ruisseler	étiqueter
carreler	harceler	cacheter	projeter
chanceler	morceler	caqueter	rejeter
dételer	niveler	décacheter	souffleter
ensorceler	râteler	déchiqueter	voleter

● *Verbes ne doublant pas* l *ou* t *devant un e muet :*

▶ celer	démanteler	geler	peler
ciseler	marteler	dégeler	acheter
déceler	modeler	congeler	fureter
receler	remodeler	écarteler	haleter

Liste conforme à l'orthographe du dictionnaire de l'Académie française, Éd. 1932.

3. Verbes en -cer, -ger, -guer et -quer
Cf. pp. 78-79.

4. Verbes en -y.e.r.

appuyer		employer	
J' appuie	N. appuyons	J' emploie	N. employons
Tu appuies	V. appuyez	Tu emploies	V. employez
Il appuie	Ils appuient	Il emploie	Ils emploient

Les verbes en **-y.e.r. changent** l'**y** en **i** devant un **e muet** :

▶ J'appuie **(i.e)**, tu appuies **(i.e.s)**, il appuie **(i.e)**, nous appuyons **(y.o.n.s)**, vous appuyez **(y.e.z)**, ils appuient **(i.e.n.t)**.

Les verbes en **a.y.e.r.** peuvent **conserver** ou **perdre** l'**y** devant un **e muet** :

▶ Je balaye, je balaie ; tu balayes, tu balaies...

Pour simplifier l'orthographe, il est préférable d'appliquer la règle à tous les verbes en **- y.e.r.**

Toutefois le verbe *grasseyer* doit **conserver** l'**y** à toutes les personnes de tous les temps de sa conjugaison, à cause de la prononciation :

▶ Je grasse**ye**, tu grasse**yes**, il grasse**ye**.

▶ ennuyer	choyer	festoyer	ployer	bégayer	étayer
essuyer	broyer	larmoyer	renvoyer	effrayer	payer
aboyer	déployer	nettoyer	rudoyer	égayer	rayer
apitoyer	envoyer	noyer	tutoyer	essayer	zézayer

Pour tous ces verbes, la règle est la même devant un **e muet** au futur, au conditionnel, à l'impératif et au présent du subjonctif :

▶ Tu essuieras ; il paierait *ou* il payerait ; déploie ; qu'il essaie *ou* qu'il essaye.

• Seuls *envoyer* et *renvoyer* ont un futur et un conditionnel irréguliers : cf. p. 88.

II. Verbes du 3ᵉ groupe

1. Quelques modèles de conjugaison

courir	rompre	déduire	conclure
Je cours	Je romps	Je déduis	Je conclus
Tu cours	Tu romps	Tu déduis	Tu conclus
Il court	Il rompt	Il déduit	Il conclut
N. courons	N. rompons	N. déduisons	N. concluons
V. courez	V. rompez	V. déduisez	V. concluez
Ils courent	Ils rompent	Ils déduisent	Ils concluent

▶ accourir	cuire	instruire	produire	relire	conclure
parcourir	construire	introduire	réduire	élire	exclure
secourir	détruire	luire	séduire	confire	rire
interrompre	enduire	nuire	traduire	suffire	sourire

Remarque
• Les verbes en **-uir** s'écrivent **u.i.r.e**, sauf **fuir** et **s'enfuir**.
D'ailleurs, *fuir* fait au présent de l'indicatif :

▶ je fuis, tu fuis, il fuit, nous fu**yons**, vous fu**yez**, ils fu**ient**.

2. Verbes en -dre

confondre		tordre	
Je confonds	N. confondons	Je tords	N. tordons
Tu confonds	V. confondez	Tu tords	V. tordez
Il confond	Ils confondent	Il tord	Ils tordent

Les verbes en **-dre conservent généralement** le d au présent de l'indicatif (à l'exception des verbes cités en 3 ci-dessous).

▶ Je confonds **(d.s)**, tu confonds **(d.s)**, il confond **(d)**.

Les verbes en **-endre** s'écrivent **e.n.d.r.e**, sauf *épandre* et *répandre* qui s'écrivent avec un **a**.

▶ défendre   ▶ épandre   ▶ fondre   ▶ perdre
    suspendre   répandre   répondre   mordre
    descendre   tondre   démordre
    entendre

3. Verbes en -indre et en -soudre

feindre	craindre	joindre	absoudre
Je feins	Je crains	Je joins	J' absous
Tu feins	Tu crains	Tu joins	Tu absous
Il feint	Il craint	Il joint	Il absout
N. feignons	N. craignons	N. joignons	N. absolvons
V. feignez	V. craignez	V. joignez	V. absolvez
Ils feignent	Ils craignent	Ils joignent	Ils absolvent

Les verbes en **-indre**, **-oindre** et **-soudre perdent** le **d** au **présent de l'indicatif** et prennent **s, s** et **t**.

▶ Je feins **(n.s)**, tu feins **(n.s)**, il feint **(n.t)**.

Les personnes du **pluriel** des verbes en **-indre** et en **-oindre** sont en **gn**.

▶ Nous feignons **(g.n.o.n.s)**, vous feignez **(g.n.e.z)**, ils feignent **(g.n.e.n.t)**.

▶ atteindre   ▶ plaindre   ▶ disjoindre   ▶ résoudre
    ceindre   craindre   enjoindre   absoudre
    empreindre   contraindre   rejoindre   dissoudre
    enfreindre
    étreindre
    geindre
    peindre
    teindre

Remarques

1. Les verbes en **-indre** s'écrivent e.i.n.d.r.e sauf *plaindre, craindre* et *contraindre* qui s'écrivent avec un **a**.

2. Il ne faut pas confondre les verbes en **-soudre** avec les verbes en **-oudre** qui suivent la règle des verbes en **-dre.**

▶ J'absous, je couds.

4. Verbes en -tre

mettre	**battre**	**paraître**	**croître**
Je mets	Je bats	Je parais	Je croîs
Tu mets	Tu bats	Tu parais	Tu croîs
Il met	Il bat	Il paraît	Il croît
N. mettons	N. battons	N. paraissons	N. croissons
V. mettez	V. battez	V. paraissez	V. croissez
Ils mettent	Ils battent	Ils paraissent	Ils croissent

Les verbes en **-tre** comme *mettre, battre, paraître, croître* **perdent un t du radical de leur infinitif** aux personnes du **singulier du présent de l'indicatif,** et prennent **s, s** et **t.** Ainsi :

je mets (n'a plus qu'un **t**), *je parais* (n'en a plus); le **t** de *il paraît* est celui de la désinence.

Remarques

▶ admettre	▶ abattre	▶ naître	▶ accroître
soumettre	combattre	connaître	décroître
transmettre		reparaître	
omettre		apparaître	

1. Les verbes comme *paraître* et *croître* **conservent l'accent circonflexe quand l'i du radical est suivi d'un t** :

▶ il paraît, il paraîtra ; il croît, il croîtra.

2. Le verbe *croître* **conserve l'accent circonflexe quand il peut être confondu avec le verbe croire** :

▶ je croîs *(croître),* je crois *(croire).*

3. Les verbes de la famille de **mettre** s'écrivent e.tt.r.e.

5. *Verbes en -tir comme* mentir

mentir	se repentir
Je mens	Je me repens
Tu mens	Tu te repens
Il ment	Il se repent
N. mentons	N. nous repentons
V. mentez	V. vous repentez
Ils mentent	Ils se repentent

Les verbes en **-tir** du 3ᵉ groupe, comme *mentir, sortir, sentir, partir, se repentir,* **perdent le t** du radical de leur infinitif aux personnes du **singulier du présent de l'indicatif** et prennent **s, s** et **t**.

▶ Je mens **(n.s)**, tu mens **(n.s)**, il ment **(n.t)**.

▶ mentir
démentir
consentir
pressentir
sortir
ressortir

▶ partir
repartir
sentir
ressentir
départir
se repentir

Verbes apparentés perdant la consonne précédant la terminaison de l'infinitif aux personnes du singulier du présent de l'indicatif et prenant **s, s** et **t** :

▶ dormir
endormir
vivre
revivre
rendormir
servir

▶ survivre
suivre
desservir
resservir
poursuivre
s'ensuivre

▶ je dors, tu dors, il dort ;
je sers, tu vis, il suit, *etc.*

Remarques

● **Attention** à la conjugaison de *vêtir, revêtir* et *dévêtir* :

▶ Je vêts, tu vêts, il vêt, nous vêtons, vous vêtez, ils vêtent.

● *Assortir, rassortir (réassortir), désassortir* sont des verbes du 2ᵉ groupe.

▶ J'assortis, tu assortis, il assortit.

III. Présent de l'indicatif de quelques verbes irréguliers

dire	médire	maudire	faire
Je dis	Je médis	Je maudis	Je fais
Tu dis	Tu médis	Tu maudis	Tu fais
Il dit	Il médit	Il maudit	Il fait
N. disons	N. médisons	N. maudissons	N. faisons
V. dites	V. médisez	V. maudissez	V. faites
Ils disent	Ils médisent	Ils maudissent	Ils font

aller	asseoir		boire
Je vais	J' assois	J' assieds	Je bois
Tu vas	Tu assois	Tu assieds	Tu bois
Il va	Il assoit	Il assied	Il boit
N. allons	N. assoyons	N. asseyons	N. buvons
V. allez	V. assoyez	V. asseyez	V. buvez
Ils vont	Ils assoient	Ils asseyent	Ils boivent

croire	voir	fuir	traire
Je crois	Je vois	Je fuis	Je trais
Tu crois	Tu vois	Tu fuis	Tu trais
Il croit	Il voit	Il fuit	Il trait
N. croyons	N. voyons	N. fuyons	N. trayons
V. croyez	V. voyez	V. fuyez	V. trayez
Ils croient	Ils voient	Ils fuient	Ils traient

bouillir	coudre	moudre	mourir
Je bous	Je couds	Je mouds	Je meurs
Tu bous	Tu couds	Tu mouds	Tu meurs
Il bout	Il coud	Il moud	Il meurt
N. bouillons	N. cousons	N. moulons	N. mourons
V. bouillez	V. cousez	V. moulez	V. mourez
Ils bouillent	Ils cousent	Ils moulent	Ils meurent

mouvoir	haïr	plaire	vaincre
Je meus	Je hais	Je plais	Je vaincs
Tu meus	Tu hais	Tu plais	Tu vaincs
Il meut	Il hait	Il plaît	Il vainc
N. mouvons	N. haïssons	N. plaisons	N. vainquons
V. mouvez	V. haïssez	V. plaisez	V. vainquez
Ils meuvent	Ils haïssent	Ils plaisent	Ils vainquent

prendre	venir	acquérir	écrire
Je prends	Je viens	J' acquiers	J' écris
Tu prends	Tu viens	Tu acquiers	Tu écris
Il prend	Il vient	Il acquiert	Il écrit
N. prenons	N. venons	N. acquérons	N. écrivons
V. prenez	V. venez	V. acquérez	V. écrivez
Ils prennent	Ils viennent	Ils acquièrent	Ils écrivent

Remarques

1. *Faire* et tous ses composés, *dire* et *redire* ont la terminaison de la 2ᵉ personne du pluriel en **t.e.s** (sans accent sur l'i qui précède le t) :

▶ Vous fai**tes**, vous contrefai**tes** ; vous di**tes**, vous redi**tes**.

Mais *médire, contredire, interdire, prédire, se dédire,* ont la terminaison normale en **e.z** :

▶ Vous médi**sez**, vous contredi**sez**, vous interdi**sez**, vous prédi**sez**, vous vous dédi**sez**.

Maudire fait maudi**ssez** avec **deux s.**

2. *Asseoir, rasseoir, surseoir* se conjuguent comme *croire* et *voir* au présent de l'indicatif :

▶ J'assois, nous assoyons, ils assoient.

Asseoir a une 2ᵉ conjugaison plus usuelle en **e** :

▶ J'assieds, nous asseyons, ils asseyent.

Seoir, au sens de convenir, et *messeoir* ne se conjuguent qu'aux 3ᵉˢ personnes :

▶ Il sied, ils siéent ; il messied, ils messiéent.

3. Si *je peux*[1], *je veux...* prennent **x**, *je meus...* prend **s.**

4. N'oublions pas l'accent circonflexe de :

▶ il plaît, il déplaît, il se complaît, il gît, il clôt.

L'Académie donne **il éclot, il enclot** sans accent, mais Littré indique : **il éclôt, il enclôt.**
Les deux orthographes sont valables.

5. Attention à l'orthographe de :

▶ Il **va**, il vain**c**, il convain**c.**

---

1. A la 1ʳᵉ personne seulement, on peut dire je *peux* ou je *puis.*

CHAPITRE 3

L'IMPARFAIT DE L'INDICATIF

I. Valeurs de l'imparfait de l'indicatif

▶ J'**aimais** mon père, non seulement parce qu'il **était** mon père, mais parce qu'il **était** ce qu'il **était**. Je l'**admirais**. Je l'admire toujours.

(J. GIONO.)

1. **L'imparfait** marque une action passée.

2. **L'imparfait** marque une action qui dure, qui n'est pas achevée, donc une action imparfaite :

▶ L'homme **mangeait** son quignon. En même temps, il **regardait** son couteau.

(J. GIONO.)

3. L'imparfait est le temps de la **description** :
● d'un tableau :

▶ Des figuiers **entouraient** les cuisines ; un bois de sycomores se **prolongeait** jusqu'à des masses de verdure où des grenadiers **resplendissaient** parmi les touffes blanches des cotonniers.

(G. FLAUBERT.)

● d'une scène :

▶ Ils **s'installaient** dans le salon. Marie **cousait** et l'enfant assis à ses pieds **feuilletait** le même livre d'images. Une souche de vigne **brûlait** dans la cheminée.

(J. CHARDONNE.)

4. L'imparfait peut exprimer aussi des faits habituels :

▶ Il **vivait** de régime et **mangeait** à ses heures.

(LA FONTAINE.)

▶ Le dimanche, nous **allions** aux moulins, par bandes. Là-haut, les meuniers **payaient** le muscat... Moi, j'**apportais** mon fifre...

(A. DAUDET.)

▶ A huit heures, la cloche **annonçait** le souper. Après le souper, dans les beaux jours, on **s'asseyait** sur le perron.

(CHATEAUBRIAND.)

II. Conjugaison de l'imparfait de l'indicatif

A l'imparfait tous les verbes prennent les mêmes terminaisons : a.i.s - a.i.s - a.i.t - i.o.n.s - i.e.z - a.i.e.n.t.

couper	remplir	tendre
Je coupais	Je remplissais	Je tendais
Tu coupais	Tu remplissais	Tu tendais
Il coupait	Il remplissait	Il tendait
N. coupions	N. remplissions	N. tendions
V. coupiez	V. remplissiez	V. tendiez
Ils coupaient	Ils remplissaient	Ils tendaient

▶ créer	condamner	adoucir	guérir	confondre	exclure
insinuer	envelopper	applaudir	nourrir	descendre	admettre
insérer	souhaiter	garantir	ralentir	répandre	apercevoir

III. Cas particuliers difficiles

1. Verbes en -y.e.r, -i.e.r, -i.ll.e.r, -gn.e.r

payer	trier	briller	saigner
Je payais	Je triais	Je brillais	Je saignais
Tu payais	Tu triais	Tu brillais	Tu saignais
Il payait	Il triait	Il brillait	Il saignait
N. payions	N. triions	N. brillions	N. saignions
V. payiez	V. triiez	V. brilliez	V. saigniez
Ils payaient	Ils triaient	Ils brillaient	Ils saignaient

Remarques
1. Aux **deux premières personnes** du **pluriel** de l'imparfait de l'indicatif :

• les verbes en **-y.e.r** s'écrivent avec un **y** et un **i** :

▶ Nous payions **(y.i.o.n.s)**.

• les verbes en **-i.e.r** s'écrivent avec **deux i** : Nous triions **(ii.o.n.s)**.

• les verbes en **-i.ll.e.r** s'écrivent avec un **i** après le son **ill** :

▶ Nous brillions **(i.ll.i.o.n.s)**.

• les verbes en **-gner** s'écrivent avec un **i** après le son **gn** :

▶ Nous saignions **(gn.i.o.n.s)**.

Les mêmes remarques sont valables et la même orthographe s'applique devant les finales **-ions, -iez** des deux premières personnes du pluriel du **présent du subjonctif.**

▶ Nous trions, je trie ; nous triions, je triais.

2. Les verbes en **-y.e.r, -i.e.r, -i.ll.e.r, -gner** et quelques autres verbes appartenant, eux, au 3e groupe, ont une prononciation presque semblable aux deux premières personnes du pluriel du **présent** et de **l'imparfait de l'indicatif.** Pour éviter la confusion, il faut penser à la **personne correspondante** du singulier :

▶ Nous trions, je trie ; nous triions, je triais ;
nous rions, je rie ; nous riions, je riais.

▶
ennuyer	essayer	étudier	crier	habiller	aligner
appuyer	balayer	expédier	détailler	fouiller	cogner
ployer	égayer	manier	travailler	tortiller	désigner
tutoyer	confier	mendier	conseiller	dépouiller	signer
broyer	copier	remercier	effeuiller	peigner	soigner

● Verbe comme **saigner**
▶ craindre
peindre
joindre

Verbe comme **payer**
▶ asseoir
voir
fuir
croire
traire
distraire

Verbe comme **trier**
▶ rire
sourire

Verbe comme **briller**
▶ cueillir
bouillir
tressaillir

2. Verbes en -cer, -ger, -guer et -quer

Cf. pp. 78-79.

3. Imparfait de l'indicatif de quelques verbes irréguliers.

dire	prédire	maudire	faire
Je disais N. disions	Je prédisais N. prédisions	Je maudissais N. maudissions	Je faisais N. faisions
croître	**paraître**	**haïr**	**conduire**
Je croissais N. croissions	Je paraissais N. paraissions	Je haïssais N. haïssions	Je conduisais N. conduisions
éteindre	**prendre**	**coudre**	**vaincre**
J' éteignais N. éteignions	Je prenais N. prenions	Je cousais N. cousions	Je vainquais N. vainquions
résoudre	**boire**	**moudre**	**écrire**
Je résolvais N. résolvions	Je buvais N. buvions	Je moulais N. moulions	J' écrivais N. écrivions

CHAPITRE 4

LE PASSÉ SIMPLE

I. Valeurs du passé simple

▶ Comme par magie, les centaines d'enfants qui remplissaient la cour, s'arrêtant de courir et de crier, **demeurèrent** pétrifiés à l'endroit même où l'appel les avait surpris. Un silence prodigieux **remplit** l'espace et l'on **entendit**, au lointain, un charretier qui sacrait, derrière l'écran des maisons, et faisait claquer son fouet. (G. DUHAMEL.)

1. Le **passé simple** exprime des faits passés, complètement achevés, qui ont eu lieu à un moment déterminé, à un **moment précis,** sans idée d'habitude et sans lien avec le présent.

2. Le **passé simple** marque la succession des faits, c'est le temps du **récit** par excellence.

▶ On entendait la cavale de Sansombre là-haut dans les pierres. Barbe-Baille **souffla** sa lampe, **ouvrit** sa porte, **regarda** l'aube, **posa** sa faux, **ferma** sa porte, **reprit** sa faux et **s'en alla.** (J. GIONO.)

▶ Et soudain, la voiture, au lieu de virer vers la gauche, se **dirigea** vers la droite, **piqua** dans le petit fossé, **monta** sur le talus, **s'allégea,** d'un coup de rein, de ses trois passagers et **fonça** vers la muraille... Malgré la brutalité du choc, nous nous **relevâmes** tous trois aussitôt. (G. DUHAMEL.)

● **Comparaison du passé simple et de l'imparfait**

▶ Les feuilles **jonchaient** d'or le sol où nous **marchions**. Clément, qui **sautillait,** me **devança** de quelques pas... (A. FRANCE.)

Marchions et **sautillait** expriment des actions qui se poursuivent, qui ne sont pas terminées, dans le passé dont il s'agit. **Devança** exprime une action qui s'est passée à un moment précis et qui est terminée.

II. Conjugaison du passé simple

Seuls les verbes en -e.r prennent au singulier du passé simple : a.i - a.s - a.

couper	remplir	tendre
Je coupai	Je remplis	Je tendis
Tu coupas	Tu remplis	Tu tendis
Il coupa	Il remplit	Il tendit
N. coupâmes	N. remplîmes	N. tendîmes
V. coupâtes	V. remplîtes	V. tendîtes
Ils coupèrent	Ils remplirent	Ils tendirent

courir	recevoir	tenir	venir
Je courus	Je reçus	Je tins	Je vins
Tu courus	Tu reçus	Tu tins	Tu vins
Il courut	Il reçut	Il tint	Il vint
N. courûmes	N. reçûmes	N. tînmes	N. vînmes
V. courûtes	V. reçûtes	V. tîntes	V. vîntes
Ils coururent	Ils reçurent	Ils tinrent	Ils vinrent

I. Passé simple des verbes du 1er groupe

Au **passé simple,** tous les verbes du **1er groupe** prennent a.i - a.s - a - â.m.e.s - â.t.e.s - è.r.e.n.t.

▶ habiller   secouer   ennuyer   acheter
   balbutier   créer   ficeler   jeter

Les terminaisons de la **1re personne du singulier du passé simple** et de l'imparfait de l'indicatif des verbes en -e.r ont presque la même prononciation. Pour éviter la confusion, il faut se rapporter au **sens** de l'action, l'on peut aussi penser à la personne **correspondante** du pluriel.

▶ L'officier dit alors : « Autre valise ? »
Je n'en **possédais** pas et le lui **expliquai.** Il n'en avisa pas moins un carton à chapeau féminin qu'il bouleversa...   (P. VIALAR.)

Je n'en possédais pas ; nous n'en possédions pas. Imparfait (a.i.s).
Je lui expliquai ; nous le lui expliquâmes. Passé simple (a.i).

II. Passé simple des verbes du 2ᵉ groupe

Au passé simple, tous les verbes du 2ᵉ **groupe** prennent **i.s - i.s - i.t - î.m.e.s - î.t.e.s - i.r.e.n.t.**

▶ noircir   garnir   vieillir   nourrir
   remplir   guérir   réjouir   bâtir

III. Passé simple des verbes du 3ᵉ groupe

a/ Beaucoup de verbes du **3ᵉ groupe,** notamment la plupart des verbes en **-dre,** ont au passé simple des terminaisons en **i,** qui sont les mêmes que celles du passé simple du 2ᵉ groupe.

▶ prendre   battre   cueillir   suivre
   mentir   dire   voir   vivre

b/ Un certain nombre de verbes comme *courir, mourir, valoir, recevoir, paraître,* etc., prennent **u.s - u.t - û.m.e.s - û.t.e.s - u.r.e.n.t.**

c/ *Tenir, venir* et leurs composés prennent **i.n.s - i.n.s - i.n.t - î.n.m.e.s - î.n.t.e.s - i.n.r.e.n.t.**

● Les verbes de la famille de *recevoir* prennent une **cédille** sous le **c devant** o et u pour conserver à la lettre **c** le son « **se** ».

▶ Je reçois, je reçus.

● **Passé simple en -us :**   **Passé simple en -ins :**

▶ parcourir   vouloir   boire   maintenir   s'abstenir   prévenir
   valoir   apparaître   croire   contenir   parvenir   survenir
   lire   connaître   apercevoir   obtenir   se souvenir   intervenir

III. Cas particuliers difficiles

I. Verbes du 1ᵉʳ groupe

1. Verbes en -cer

Présent	Imparfait	Passé simple
J' annonce	J' annonçais	J' annonçai
N. annonçons	N. annoncions	N. annonçâmes

Les verbes en -cer prennent une **cédille** sous le **c** devant **a** et **o** pour conserver à la lettre **c** le son « **se** » :

▶ Nous annonçons, nous annonçâmes.

▶ tracer	grincer	exercer	rapiécer	balancer	agencer
déplacer	rincer	exaucer	prononcer	avancer	cadencer
espacer	évincer	amorcer	dénoncer	devancer	ensemencer
pincer	gercer	foncer	froncer	distancer	influencer

2. Verbes en -ger

Présent	Imparfait	Passé simple
Je plonge N. plongeons	Je plongeai N. plongions	Je plongeai N. plongeâmes

Les verbes en -ger prennent un **e muet** après le **g** devant **a** et **o**, pour conserver à la lettre **g** le son « **je** » :

▶ Nous plongeons, je plongeais, nous plongeâmes.

Remarque
- Les verbes en **-anger** s'écrivent **a.n.g.e.r** sauf *venger*.

▶ louanger	saccager	avantager	diriger	longer
changer	soulager	alléger	exiger	ronger
vendanger	ménager	protéger	voltiger	songer
mélanger	encourager	négliger	interroger	héberger
démanger				
arranger				
déranger				
venger				

3. Verbes en -guer et en -quer

Présent	Imparfait	Passé simple
Je distingue N. distinguons	Je distinguais N. distinguions	Je distinguai N. distinguâmes
J' explique N. expliquons	J' expliquais N. expliquions	J' expliquai N. expliquâmes

Les verbes en **-guer** et en **-quer** se conjuguent régulièrement. La lettre **u** de leur radical se retrouve **à toutes les personnes** et **à tous les temps** de leur conjugaison.

▶ Je distingue, nous distinguons. J'explique, nous expliquons.

▶ reléguer	naviguer	divaguer	attaquer	pratiquer	embarquer
prodiguer	carguer	élaguer	appliquer	suffoquer	marquer
fatiguer	narguer	draguer	expliquer	croquer	risquer

II. Passé simple de quelques verbes irréguliers du 3ᵉ groupe

savoir	mouvoir	déchoir	devoir
Je sus	Je mus	Je déchus	Je dus
N. sûmes	N. mûmes	N. déchûmes	N. dûmes
croître	**accroître**	**plaire**	**taire**
Je crûs	J' accrus	Je plus	Je tus
N. crûmes	N. accrûmes	N. plûmes	N. tûmes
résoudre	**moudre**	**pouvoir**	**vivre**
Je résolus	Je moulus	Je pus	Je vécus
N. résolûmes	N. moulûmes	N. pûmes	N. vécûmes
écrire	**faire**	**plaindre**	**voir**
J' écrivis	Je fis	Je plaignis	Je vis
N. écrivîmes	N. fîmes	N. plaignîmes	N. vîmes
conduire	**asseoir**	**coudre**	**prendre**
Je conduisis	J' assis	Je cousis	Je pris
N. conduisîmes	N. assîmes	N. cousîmes	N. prîmes
vaincre	**naître**	**acquérir**	**mettre**
Je vainquis	Je naquis	J' acquis	Je mis
N. vainquîmes	N. naquîmes	N. acquîmes	N. mîmes

Remarques

Au passé simple, *croître* prend un accent circonflexe à toutes les personnes pour ne pas être confondu avec *croire* qui, comme tous les autres verbes, prend seulement l'accent circonflexe aux deux premières personnes du pluriel.

▶ **Croître** : je crûs, tu crûs, il crût, nous crûmes, vous crûtes, ils crûrent.
Croire : je crus, tu crus, il crut, nous crûmes, vous crûtes, ils crurent.
Accroître, décroître, recroître : j'accrus, je décrus, je recrus, *sans accent.*

• Au passé simple, *prévoir, entrevoir, revoir* se conjuguent comme *voir* :

▶ je prévis, j'entrevis, je revis.

• *Pourvoir* fait :

▶ je pourvus.

CHAPITRE 5

LE PASSÉ COMPOSÉ

I. Passé composé et passé simple

▶ Le sang me pique les oreilles ; **j'ai fait** le tour des nids dans la gelée blanche et **ramassé** les œufs des poules. (J. GUÉHENNO.)

▶ L'époque que **j'ai traversée** a été souvent troublée... Je **suis né** le 8 février 1822. (MAXIME DU CAMP.)

1. Le **passé composé** exprime des faits complètement achevés à un moment déterminé ou indéterminé du passé, en relation avec le présent ou dont les conséquences sont encore sensibles dans le présent.

2. Le **passé composé** pouvant indiquer des faits passés à un moment déterminé prend fréquemment la place du passé simple. Il peut ainsi, comme le passé simple, marquer la succession des faits.

▶ Les bergers **ont sifflé** leurs chiens, **rallié** leurs ouailles et **pris** la route. (J. DE PESQUIDOUX.)

On aurait pu dire :

▶ Les bergers **sifflèrent** leurs chiens, **rallièrent** leurs ouailles et **prirent** la route.

comme :

▶ L'homme **s'inclina** sans répondre, **sortit, siffla** son chien et le voilà parti. (A. DAUDET.)

3. Le **passé composé** tend à **évincer** le passé simple de la langue littéraire écrite :

▶ Mais Xavier **a protesté ?**
— Xavier **a protesté,** en effet. Il a tout de suite **haussé** les épaules et **pris** ta défense. Il **a fourni** des précisions. (P. HÉRIAT.)

On ne dirait plus :

▶ En quel endroit, demanda Zadig, **prêtâtes**-vous vos cinq cents onces à cet infidèle ? (VOLTAIRE.)

mais on dirait :

▶ En quel endroit, demanda Zadig, **avez-vous prêté**...

4. Bien que le passé composé puisse souvent se substituer au passé simple, ces deux temps n'ont pas toujours la même valeur et ne peuvent pas être employés indifféremment l'un pour l'autre :

▶ Hier, **j'ai mené** Suzanne à Guignol. Nous y **prîmes** tous deux beaucoup de plaisir... (A. FRANCE.)

II. Formation du passé composé

Le **passé composé** est formé du **présent de l'auxiliaire** et du **participe passé du verbe** conjugué :

▶ J'ai couru - je suis venu.

• Quelques verbes se conjuguant avec **avoir** :

▶ plier	bâtir	rendre	rompre	étreindre
saluer	rire	épandre	vouloir	souffrir
avouer	mettre	apprendre	revoir	traduire

• Verbes se conjuguant avec **être** :

▶ tomber	aller	choir	échoir	venir
rester	arriver	décéder	naître	intervenir
mourir	entrer	devenir	partir	parvenir

• Pour l'accord de ce participe passé, on se reportera pp. 48-52.

CHAPITRE 6

LE PASSÉ ANTÉRIEUR

I. Valeurs du passé antérieur

► Bénin attendit Broudier.
Quand Broudier l'**eut rejoint**, ils *repartirent* d'un pas fraternel.

(J. ROMAINS.)

1. Le **passé antérieur** indique une action passée à un moment déterminé, avant une autre action passée généralement exprimée au passé simple. Le passé antérieur est un **passé du passé**. Le **passé antérieur** s'emploie le plus souvent dans les **propositions subordonnées** après une conjonction de temps : *quand, lorsque, dès que...*

2. Le **passé antérieur** s'emploie parfois dans la **proposition indépendante** ou dans la **proposition principale**. Il est alors accompagné d'un adverbe de temps : bientôt, vite...

► Ce renfort inattendu et surtout l'expérience de Pierre **eurent** bientôt **fait** franchir le mauvais pas au lourd chariot. (Th. GAUTIER.)

► Cette inquiétude **eut** tôt **fait** de devenir une angoisse. (F. MAURIAC.)

II. Formation du passé antérieur

Le **passé antérieur** est formé du **passé simple de l'auxiliaire** et du **participe passé du verbe** conjugué.

► J'eus couru - je fus venu.

● Quelques verbes se conjuguant avec **avoir** :

► trier | cueillir | boire | attendre | atteindre
remuer | prendre | recevoir | sourire | offrir
saisir | admettre | revoir | craindre | couvrir

● Verbes se conjuguant avec **être** :

► partir | mourir | naître | tomber | advenir
survenir | aller | arriver | rester | revenir

● Pour l'accord de ce participe passé, on se reportera pp. 48-52.

CHAPITRE 7

LE PLUS-QUE-PARFAIT

I. Valeurs du plus-que-parfait

▶ La voiture **avait traversé** le village et **suivait** un étroit pavé montant.
(VAN DER MEERSCH.)

▶ D'abord l'obscurité **régna** car j'**avais éteint** la lanterne pour ne pas gaspiller l'essence.
(J.-H. ROSNY AÎNÉ.)

▶ Comme je l'**avais calculé**, ils **sont arrivés** à cinq heures de l'après-midi.
(HENRI BOSCO.)

Le **plus-que-parfait** indique une **action passée** à un moment indéterminé avant une autre action passée exprimée le plus souvent à l'imparfait et aussi au passé simple ou au passé composé.
Le plus-que-parfait est également **un passé du passé** :

▶ Dans la grande salle où il **avait dîné** la veille, une paysanne mettait le couvert.
(ALAIN-FOURNIER.)

II. Formation du plus-que-parfait

Le **plus-que-parfait** est formé de **l'imparfait de l'auxiliaire** et du **participe passé du verbe** conjugué.

▶ J'avais couru - j'étais venu.

● Quelques verbes se conjuguant avec **avoir** :

créer	franchir	percevoir	feindre	rêver
continuer	surprendre	coudre	écrire	fléchir
harnacher	omettre	battre	souffrir	dormir

● Verbes se conjuguant avec **être** :

partir	aller	rester
venir	naître	tomber
mourir	arriver	parvenir

● Pour l'accord de ce participe passé, on se reportera pp. 48-52.

84

CHAPITRE 8

LE FUTUR SIMPLE

I. Valeurs du futur simple

1. Le **futur simple** indique une action qui se fera dans l'avenir par rapport au moment où l'on parle : *dans un moment, demain, plus tard...*

▶ Je pensais parfois : « Lorsque je **serai** un homme, je **découvrirai** l'El Dorado. » (A. GERBAULT.)

2. Le **futur** peut prendre la valeur du présent pour atténuer le ton de certains propos ou marquer la politesse :

▶ En ce cas, monsieur, je vous **dirai** franchement que je n'approuve point votre méthode. (MOLIÈRE.)

▶ Mon frère, dit-elle, je vous **prierai** de sortir avec moi. (MÉRIMÉE.)

3. Le **futur** peut avoir aussi la valeur de l'impératif.

▶ Vous **veillerez** sur elle... qu'elle ne coure pas trop. (PÉROCHON.)

▶ Nous **avouerons** que notre héros était fort peu un héros en ce moment. (STENDHAL.)

4. Le **futur** peut exprimer un fait général, toujours constaté.

▶ Qui bien **jettera,** son compte **trouvera.**

5. Le **futur proche** s'exprime à l'aide du verbe *aller* au présent de l'indicatif suivi de l'infinitif.

▶ Tu nous feras du bouillon de volaille, les fermiers ne t'en laisseront pas chômer. Mais je **vais dire** à Cornoiller de me tuer des corbeaux. (H. DE BALZAC.)

▶ Je **vais réclamer** de toi un service que tu me **rendras,** j'en suis sûr, si cela est en ton pouvoir. (G. FLAUBERT.)

II. Formation et conjugaison du futur simple

● Il se forme, en général, sur l'infinitif.

couper	plier	remplir	tendre
Je couperai	Je plierai	Je remplirai	Je tendrai
Tu couperas	Tu plieras	Tu rempliras	Tu tendras
Il coupera	Il pliera	Il remplira	Il tendra
N. couperons	N. plierons	N. remplirons	N. tendrons
V. couperez	V. plierez	V. remplirez	V. tendrez
Ils couperont	Ils plieront	Ils rempliront	Ils tendront

1. Au futur simple, **tous les verbes prennent les mêmes terminaisons** : a.i - a.s - a - o.n.s - e.z - o.n.t, **toujours précédées de la lettre r.**

2. Au futur simple, les **verbes du 1ᵉʳ et du 2ᵉ groupe conservent généralement l'infinitif en entier** :

▶ Je plier**ai**, je remplir**ai**.

● **Pour bien écrire un verbe** au futur simple, **il faut penser à** l'infinitif, **puis à la personne.**

▶ compter   insinuer   balbutier   saisir   rabattre   paraître
   grelotter   évaluer   convier   blêmir   revendre   croître
   emprunter   déjouer   simplifier   surgir   tordre   croire
   encombrer   renouer   édifier   vieillir   feindre   instruire

III. Cas particuliers difficiles

I. Particularités de quelques verbes

rappeler	jeter	acheter	marteler
Je rappellerai	Je jetterai	J' achèterai	Je martèlerai
Tu rappelleras	Tu jetteras	Tu achèteras	Tu martèleras
Il rappellera	Il jettera	Il achètera	Il martèlera
N. rappellerons	N. jetterons	N. achèterons	N. martèlerons
V. rappellerez	V. jetterez	V. achèterez	V. martèlerez
Ils rappelleront	Ils jetteront	Ils achèteront	Ils martèleront

employer	courir	mourir	acquérir
J' emploierai	Je courrai	Je mourrai	J' acquerrai
Tu emploieras	Tu courras	Tu mourras	Tu acquerras
Il emploiera	Il courra	Il mourra	Il acquerra
N. emploierons	N. courrons	N. mourrons	N. acquerrons
V. emploierez	V. courrez	V. mourrez	V. acquerrez
Ils emploieront	Ils courront	Ils mourront	Ils acquerront

Remarques

- Au **futur simple** :

1. Les verbes en **-eler** et en **-eter** prennent **deux l** ou **deux t** :

▶ Il rappellera, il jettera.

Se conjuguent sur ce modèle (cf. aussi p. 66) :

▶ amonceler	chanceler	cacheter	projeter
atteler	épeler	déchiqueter	rejeter
ruisseler	ficeler	épousseter	souffleter
carreler	niveler	empaqueter	voleter, etc.

- Ceux qui font exception prennent un **accent grave** :

▶ Il achètera, il martèlera,

se conjuguent sur ce modèle (cf. aussi p. 66) :

▶ celer	démanteler	acheter	crocheter
geler	modeler	racheter	fureter
écarteler	peler, etc.	corseter	haleter, etc.

2. Les verbes du type *achever* (cf. p. 64) prennent aussi un accent grave :

▶ Tu achèveras ; il pèsera ; nous lèverons.

- Mais les verbes du type *espérer* (cf. p. 64) gardent l'accent aigu :

▶ Nous céderons.

3. Les verbes en **-yer** changent, comme au présent (cf. p. 67), l'**y** en **i** devant **e muet** :

▶ Il appuiera, il emploiera.

▶ tournoyer	noyer	vouvoyer	essayer
nettoyer	broyer	essuyer	payer
ployer	larmoyer	ennuyer	rayer
côtoyer	tutoyer	balayer	effrayer

4. Les verbes *mourir, courir, acquérir* et ceux de la famille ont **deux r** au futur alors qu'ils n'en prennent qu'un à l'imparfait. Cette graphie entraîne pour *acquérir* et les **verbes de sa famille** la disparition de l'accent aigu figurant sur l'**é** qui précède **r**.

▶ *Futur :* il mourra, il courra, il acquerra.
Imparfait : il mourait, il courait, il acquérait.

▶ Mes chers amis, quand je **mourrai**
Plantez un saule au cimetière...   (A. DE MUSSET.)

▶ La lueur du couchant **mourait** à travers les ramures.   (M. GENEVOIX.)

▶ conquérir	requérir	concourir	secourir
reconquérir	accourir	parcourir	recourir

87

II. Futur simple de quelques verbes irréguliers

aller	asseoir		faire
J' irai N. irons	J' assiérai N. assiérons	J' assoirai N. assoirons	Je ferai N. ferons
cueillir	recevoir	devoir	mouvoir
Je cueillerai N. cueillerons	Je recevrai N. recevrons	Je devrai N. devrons	Je mouvrai N. mouvrons
envoyer	voir	pouvoir	savoir
J' enverrai N. enverrons	Je verrai N. verrons	Je pourrai N. pourrons	Je saurai N. saurons
tenir	venir	valoir	vouloir
Je tiendrai N. tiendrons	Je viendrai N. viendrons	Je vaudrai N. vaudrons	Je voudrai N. voudrons

Remarques
- Au futur simple, *revoir* et *entrevoir* se conjuguent comme *voir* :

  ▶ Je reverrai, j'entreverrai.

Mais *pourvoir* et *prévoir* font :

  ▶ Je pourvoirai, je prévoirai.

- On écrit : *J'assoirai* (sans *e*). Mais on écrit : Je *surseoirai* (avec un **e**).

CHAPITRE 9

LE FUTUR ANTÉRIEUR

I. Valeurs du futur antérieur

1. Le **futur antérieur** exprime une action future qui sera passée avant une autre action future.

▶ Venez me voir demain, **j'aurai terminé** mon travail.

▶ Quand la ménagère **aura farci** la volaille, elle la glissera dans le four.

▶ Quand le temps **sera venu,** *j'irai* au bois pour écouter, liquide, étoilé de longues notes lumineuses... le chant des rossignols.   (COLETTE.)

2. Le **futur antérieur** peut exprimer parfois une supposition relative à un fait passé. Il a alors la valeur d'un passé composé.

▶ Le drôle **se sera dit,** en passant devant mon moulin : « Ce Parisien est trop tranquille là-dedans, allons lui demander l'aubade. »   (A. DAUDET.)

II. Formation du futur antérieur

Le **futur antérieur** est formé du **futur simple de l'auxiliaire** et du **participe passé du verbe** conjugué.

▶ **J'aurai couru.**   **Je serai venu.**

● Quelques verbes se conjuguant avec **avoir** :

▶ parier	réussir	revendre	teindre
essayer	cueillir	moudre	souscrire
secouer	reprendre	rabattre	offrir

● Verbes se conjuguant avec **être** :

▶ partir	aller	repartir	revenir
rester	naître	tomber	parvenir
mourir	arriver	entrer	intervenir

CHAPITRE 10

LE PRÉSENT DU CONDITIONNEL

I. Valeurs du présent du conditionnel

▶ Quelquefois, Marie *parlait* de la vie comme d'une chose grave et belle que l'enfant **connaîtrait** un jour. (J. CHARDONNE.)

▶ **Si** j'*étais* Homère ou Rabelais, je **dirais** : cette cuisine est un monde dont cette cheminée est le soleil. (V. HUGO.)

Le **conditionnel** était anciennement un temps du mode indicatif. Il a gardé, dans certains cas, la valeur d'un futur.
Le **conditionnel** exprime aussi des faits irréels ou possibles et dont la réalisation est soumise à une condition.
Le **conditionnel** peut donc marquer :

1. Un futur du passé :
Mettons le verbe *parler* au présent :

▶ Quelquefois, Marie *parle* de la vie... que l'enfant **connaîtra**...

Le présent **parle** entraîne le futur **connaîtra**, alors que l'imparfait **parlait** entraîne le conditionnel **connaîtrait**.
Mettons le verbe **parler** à l'imparfait :

▶ Quelquefois Marie *parlait* de la vie... que l'enfant **connaîtrait**...

Le **conditionnel** a ici la valeur d'un futur qui, s'appuyant sur un passé, est appelé *futur du passé.*

2. Des faits soumis à une condition exprimée :

▶ Je t'aime, petite rivière, et je te **peindrais** bien jolie, si je *savais* peindre. (J. RENARD.)

3. Des faits soumis à une condition non exprimée :

▶ Vous entendez mille bruits qu'un Indien **distinguerait** les uns des autres et qu'il vous **expliquerait** en souriant... *(s'il était là).* (CONSTANTIN-WEYER.)

4. Des faits supposés :

▶ Nanon, je crois que l'œuf **gâterait** ce cuir-là. (H. DE BALZAC.)

5. Des faits désirés, souhaitables :

▶ Je **voudrais** marcher tout seul sur une petite route au milieu des blés au printemps. (G. DUHAMEL.)

6. Des faits irréels, imaginaires, fictifs :

▶ Je rêve d'une vieille ferme, affaissée sous le poids de trois siècles d'existence... Je **me contenterais** de deux ou trois chambres... **j'abandonnerais** les autres aux sabbats des rats... Et, tapi dans mon terrier, je l'**arrangerais** à ma guise. (C.-F. RAMUZ.)

Le conditionnel est le mode de la **supposition,** alors que l'indicatif est le mode du **réel.**

II. Formation et conjugaison du présent du conditionnel

• Comme le futur, le **présent du conditionnel** se forme, en général, sur l'**infinitif.**

couper	plier	remplir	tendre
Je couper**ais**	Je plier**ais**	Je rempir**ais**	Je tendr**ais**
Tu couper**ais**	Tu plier**ais**	Tu remplir**ais**	Tu tendr**ais**
Il couper**ait**	Il plier**ait**	Il remplir**ait**	Il tendr**ait**
N. couper**ions**	N. plier**ions**	N. remplir**ions**	N. tendr**ions**
V. couper**iez**	V. plier**iez**	V. remplir**iez**	V. tendr**iez**
Ils couper**aient**	Ils plier**aient**	Ils remplir**aient**	Ils tendr**aient**

1. Au présent du conditionnel, **tous les verbes prennent les mêmes terminaisons : a.i.s - a.i.s - a.i.t - i.o.n.s - i.e.z - a.i.e.n.t, toujours précédées de la lettre r.**

2. Au présent du conditionnel comme au futur simple, les verbes du 1er et du 2e groupe **conservent** généralement l'**infinitif en entier :**

▶ Je **couper-ais,** je **plier-ais,** je **remplir-ais.**

• Pour bien écrire un verbe au **présent du conditionnel,** il faut penser à l'**infinitif,** puis à la personne.

▶ traîner	crier	se vouer	réussir	relire	résoudre
freiner	créer	secouer	saisir	décrire	combattre
balbutier	prier	se ruer	enfouir	rendre	omettre
falsifier	agréer	continuer	sentir	fendre	paraître

III. Cas particuliers difficiles

Le conditionnel se formant comme le futur, les **particularités** et les **irrégularités** constatées au **futur** simple **se retrouvent,** compte tenu des terminaisons, au **présent du conditionnel.**

I. Particularités de quelques verbes

Ce sont exactement les mêmes que celles qui ont été indiquées pour le futur, p. 86 et p. 88.

rappeler	jeter	acheter	marteler
Je rappellerais N. rappellerions	Je jetterais N. jetterions	J' achèterais N. achèterions	Je martèlerais N. martèlerions

employer	courir	mourir	acquérir
J' emploierais N. emploierions	Je courrais N. courrions	Je mourrais N. mourrions	J' acquerrais N. acquerrions

II. Quelques verbes irréguliers

aller	asseoir		faire
J' irais N. irions	J' assiérais N. assiérions	J' assoirais N. assoirions	Je ferais N. ferions

cueillir	recevoir	devoir	mouvoir
Je cueillerais N. cueillerions	Je recevrais N. recevrions	Je devrais N. devrions	Je mouvrais N. mouvrions

envoyer	voir	pouvoir	savoir
J' enverrais N. enverrions	Je verrais N. verrions	Je pourrais N. pourrions	Je saurais N. saurions

tenir	venir	valoir	vouloir
Je tiendrais N. tiendrions	Je viendrais N. viendrions	Je vaudrais N. vaudrions	Je voudrais N. voudrions

III. Une confusion à éviter

On prendra garde à ne pas confondre les **1res personnes du singulier** du **futur simple** et du **présent du conditionnel.**

▶ Le chevreuil me regardait, la tête couchée sur l'herbe, je n'**oublierai** jamais ce regard. (COLETTE.)

▶ Quand je bêche mon jardin, je ne **donnerais** pas ma place pour un empire. (E. MOSELLY.)

1. La 1re personne du singulier du futur simple et celle du conditionnel ont presque la même prononciation. Pour éviter la confusion, il faut se rapporter au **sens** de l'action, l'on peut aussi penser à la personne correspondante du pluriel.

Oublierai marque une action qui se continue dans l'**avenir** et *donnerais* la **condition** (= si on me donnait un empire). On peut dire aussi :

▶ J'oublier**ai**, nous oublier**ons** (*futur* **a.i**).
Je donner**ais**, nous donner**ions** (*conditionnel* **a.i.s**).

2. Avec la conjonction de condition **si**, le **présent** appelle le **futur,** l'**imparfait** appelle le **présent du conditionnel.**

▶ Je te **rosserai** (*nous te rosserons*), **si** tu **parles**. (MOLIÈRE.)

▶ **Si** j'**avais** à recommencer ma route, je **prendrais** (*nous prendrions*) celle qui m'a conduit où je suis. (A. THIERRY.)

CHAPITRE 11

LES TEMPS COMPOSÉS DU CONDITIONNEL

I. Formation des conditionnels passés

▶ Aoûn **frappa** avec colère comme il **aurait frappé** un ennemi.

(J.-H. ROSNY AÎNÉ.)

▶ Je **récitai** donc comme j'**eusse récité** chez nous.

(A. GIDE.)

Conditionnel passé 1re forme	
réciter	**tomber**
J' aurais récité	Je serais tombé
Tu aurais récité	Tu serais tombé
Il aurait récité	Il serait tombé
N. aurions récité	N. serions tombés
V. auriez récité	V. seriez tombés
Ils auraient récité	Ils seraient tombés
avoir	**être**
J' aurais eu	J' aurais été

Conditionnel passé 2e forme[1]	
réciter	**tomber**
J' eusse récité	Je fusse tombé
Tu eusses récité	Tu fusses tombé
Il eût récité	Il fût tombé
N. eussions récité	N. fussions tombés
V. eussiez récité	V. fussiez tombés
Ils eussent récité	Ils fussent tombés
avoir	**être**
J' eusse eu	J' eusse été

---

1. Notons que le conditionnel passé 2e forme a la même conjugaison que le plus-que-parfait du subjonctif.

Le **conditionnel passé 1ʳᵉ forme** est formé du **présent du conditionnel de l'auxiliaire** *avoir* ou *être* et du **participe passé du verbe** conjugué :

▶ J'aurais récité ; **que j'eusse récité.** Je serais tombé ; **que je fusse tombé.**

Le **conditionnel passé 2ᵉ forme** est en **-eusse** avec l'auxiliaire **avoir**, en **-fusse** avec l'auxiliaire **être** : il a la **même** conjugaison que le **plus-que-parfait du subjonctif** :

▶ J'eusse récité. Je fusse tombé.

Verbes se conjuguant avec *avoir*			Verbes se conjuguant avec *être*		
▶ passer	réussir	éteindre	▶ venir	arriver	s'enfuir
étudier	revoir	remettre	partir	rester	se repentir
jeter	tendre	offrir	mourir	tomber	se blottir
bâtir	écrire	prendre	naître	entrer	s'évanouir

II. Confusion à éviter : eut, eût - fut, fût

▶ Quand elle **eut tiré** les provisions du panier, Stéphanette se mit à regarder curieusement autour d'elle. (A. DAUDET.)

▶ Leurs fronts radieux se touchaient ; on **eût dit** trois têtes dans une auréole. (V. HUGO.)

▶ Le moulin ronronnait doucement comme s'il **eût compris.** (P. ARENE.)

▶ Notre tente maintenue par des pierres énormes **fut** secouée comme une voile. (G. DE MAUPASSANT.)

▶ S'il eût écouté son impatience, Frédéric **fût** parti à l'instant même. (G. FLAUBERT.)

Pour ne pas confondre la 3ᵉ personne du singulier du passé antérieur (*et du passé simple des verbes passifs*), qui ne prend pas d'accent, avec la même personne du passé 2ᵉ forme du conditionnel, qui prend un accent circonflexe, il faut se rapporter au **sens** de l'action ; l'on peut aussi penser à la personne correspondante du pluriel.

▶ Elle eut tiré, elles **eurent** tiré
Elle fut secouée. Elles **furent** secouées. } *Passé antérieur : pas d'accent*

▶ On eût dit, ils **eussent** dit
Il fût parti, ils **fussent** partis. } *Conditionnel passé 2ᵉ forme : eût et fût accentués.*

● De plus, on peut remplacer le passé 2ᵉ forme par le passé 1ʳᵉ forme et dans certains cas par le plus-que-parfait de l'indicatif :

▶ On eût dit (*on aurait dit*)... — S'il eût compris (*s'il avait compris*).

CHAPITRE 12

L'IMPÉRATIF

▶ **Profite** de ta liberté, **cours, trotte, remue-toi.**
Tu peux rôder à ta guise, seulement **prends** bien garde aux vipères.
(E. MOSELLY.)

▶ **Sache** que la pensée est la seule réalité du monde. (A. FRANCE.)

▶ **Cueille** la giroflée brune qui devance la tulipe. (COLETTE.)

profiter	étudier	cueillir	savoir	se remuer
profite	étudie	cueille	sache	remue-toi
profitons	étudions	cueillons	sachons	remuons-nous
profitez	étudiez	cueillez	sachez	remuez-vous
finir	**courir**	**venir**	**répondre**	**se rendre**
finis	cours	viens	réponds	rends-toi
finissons	courons	venons	répondons	rends-nous
finissez	courez	venez	répondez	rendez-vous

Impératif présent des verbes **avoir** et **être**.

avoir	être
aie, ayons, ayez	sois, soyons, soyez

▶ **Aie** le respect de toi-même et de ton travail. **Sois** fier d'être un ouvrier.
(J. JAURÈS.)

I. Formation de l'impératif

L'**impératif** sert à exprimer un ordre, une prière, un conseil, un souhait. L'impératif a deux temps : le présent et le passé. Il ne se conjugue qu'à trois personnes, sans sujets exprimés.

II. Impératif présent

Le **singulier** du présent de l'impératif est en **-e** ou en **-s**.

a/ Il est en **-e** pour les verbes du **1er groupe** et pour les autres verbes, comme **cueillir, ouvrir** (cf. p. 64, Remarque 2) qui, bien qu'ils appartiennent au 3ᵉ groupe, ont une terminaison muette aux trois personnes du singulier de l'indicatif présent :

▶ profite   (*profiter, 1ᵉʳ groupe*)
   étudie   (*étudier, 1ᵉʳ groupe*)

cueille
ouvre
sache
} terminaison muette

Il a donc exactement, au singulier, la forme de la 3ᵉ personne du singulier du présent de l'indicatif[1], et, au pluriel, les formes des 1ʳᵉ et 2ᵉ personnes du pluriel de ce temps.

Il présente donc les mêmes particularités orthographiques que celles qui ont été indiquées pour le présent de certains verbes pp. 64, 65, 66 et 67.

b/ Il est en **-s** pour les autres verbes et, au singulier, a donc la même forme que la 2ᵉ personne du singulier du présent de l'indicatif.

▶ finis - cours - viens - réponds - fais - redis - mets.

c/ **Exceptions :**

▶ aller : **va** - avoir : **aie** - être : **sois** - savoir : **sache** - vouloir : **veuille, veuillons, veuillez,** *impératif de politesse à côté de :* **veux, voulons, voulez** (*formes usuelles dans le tour négatif :* **ne m'en veux pas, ne m'en voulez pas**).

Remarque
Par **euphonie,** on écrit :

▶ coupes-en ; vas-y ; retournes-y ; cueilles-en, *etc.*

▶ Le chant du rossignol s'élève, **écoutes-en** les harmonies. Si tu connais ce pays, cette maison champêtre, **retournes-y.**   (FROMENTIN.)

III. Impératif passé

Le **passé de l'impératif** est formé de l'**impératif de l'auxiliaire** *avoir* ou *être* et du **participe passé du verbe** conjugué :

profiter	venir	savoir
aie profité	sois venu	aie su
ayons profité	soyons venus	ayons su
ayez profité	soyez venus	ayez su

---

1. Orthographiquement, bien qu'il s'agisse toujours de la 2ᵉ personne, on ne confondra pas celle du présent de l'impératif (en **e**, sans **s**) qui n'a pas de sujet exprimé, et celle du présent de l'indicatif en **es**), notamment à la forme interrogative : dans tous les cas, au présent de l'indicatif, le sujet est exprimé.

▶ **Rappelle-toi** ce que je te dis là !   (J. VALLÈS.)

▶ Et puis nous nous amuserons, tu verras ! Comment **t'appelles-tu ?**   (E. PEROCHON.)

CHAPITRE 13

LE PRÉSENT DU SUBJONCTIF

I. Conjugaison

Au présent du subjonctif, **tous les verbes prennent les mêmes terminaisons : e - e.s - e - i.o.n.s - i.e.z - e.n.t :**

▶ que je coup**e**, que je remplss**e**, que je cour**e**, que je voi**e**,
Il faut **que nous coupions** le foin.

▶ Je ne veux point qu'on me **plaise**, répondit le voyageur, je veux qu'on **m'instruise**. (VOLTAIRE.)

couper	plier	remplir	tendre
que je coupe	que je plie	que je remplisse	que je tende
que tu coupes	que tu plies	que tu remplisses	que tu tendes
qu'il coupe	qu'il plie	qu'il remplisse	qu'il tende
que n. coupions	que n. pliions	que n. remplissions	que n. tendions
que v. coupiez	que v. pliiez	que v. remplissiez	que v. tendiez
qu'ils coupent	qu'ils plient	qu'ils remplissent	qu'ils tendent
courir	**cueillir**	**s'asseoir**	**voir**
que je coure	que je cueille	que je m'asseye	que je voie
que n. courions	que n. cueillions	que n. n. asseyions	que n. voyions

Exceptions : *avoir* et *être.*

avoir		être	
que j' aie	que n. ayons	que je sois	que n. soyons
que tu aies	que v. ayez	que tu sois	que v. soyez
qu'il ait	qu'ils aient	qu'il soit	qu'ils soient

Remarques
1. **Attention :** écrivons **ayons, ayez,** et **soyons, soyez,** sans i ; et **sois,** sans **e.**

2. Aux deux premières personnes du pluriel du subjonctif présent, **n'oublions pas l'i** de la terminaison des verbes en **-yer, -ier, -iller, -gner.**

▶ *Subjonctif :* que nous pay**i**ons, que nous tri**i**ons, que nous brill**i**ons, que nous saign**i**ons.

▶ *Indicatif :* nous payons, nous trions, nous brillons, nous saignons.

3. Devant un **e muet,** se produisent les mêmes modifications orthographiques que celles qui ont été indiquées, **au présent de l'indicatif,** pour les verbes :
* du type *espérer* et *achever* (p. 64) :

  ▶ que tu espères ; qu'il achève.

* en **-eler** et en **-eter** (p. 65) :

  ▶ que je jette ; qu'il achète ; que tu révèles.

* en **-yer** (pp. 66-67) :

  ▶ que j'appuie ; que tu paies *ou* que tu payes.

II. Valeurs et emplois du subjonctif

1. Le **subjonctif** exprime généralement un **désir,** un **souhait,** un **ordre,** un **doute,** un **regret,** un **conseil,** une **supposition...** Les personnes du subjonctif sont ordinairement précédées de la conjonction de subordination **que.**

2. Le **subjonctif** dépend généralement d'un verbe principal, aussi **s'emploie-t-il dans la proposition subordonnée.**
Lorsque le verbe de la subordonnée est au présent du subjonctif, le verbe de la principale est au présent de l'indicatif, au futur, ou au présent de l'impératif.

Proposition principale :	Proposition subordonnée :
il faut, il faudra présent de l'ind., futur.	**que nous** *coupions* **le foin.** présent du subjonctif
Venez, présent de l'impératif	**que nous** *coupions* **le foin.** présent du subjonctif.

3. Le **subjonctif** s'emploie aussi avec ou sans **que** :
* **dans la proposition indépendante :**

  ▶ **Vienne** l'hiver ! **Vive** la France ! **Vivent** les vacances !

  ▶ Que le pain bien coupé **remplisse** les corbeilles !   (A. SAMAIN.)

  ▶ Adieu, dis-je, à la fleur et à l'abeille. Adieu. **Puissé**[1]**-je** vivre encore le temps de deviner le secret de vos harmonies !   (A. FRANCE.)

---

1. **Puissé-je** prend un é par euphonie.

● **dans la proposition principale :**

▶ **Tombe** sur moi le ciel pourvu que je me venge ! (CORNEILLE.)

▶ *Que béni* **soit** le Ciel qui te rend à mes vœux ! (RACINE.)

4. Une confusion à éviter.
C'est celle du **présent** de l'indicatif et du subjonctif :

▶ *Qu'une abeille* **coure** un danger, la ruche **accourt**, l'essaim hausse son bourdonnement. (COLETTE.)

▶ Une abeille fuit le danger qu'elle **court**.

▶ Parfois **passe** une charrette et les mules d'elles-mêmes **prennent** la droite sans que **bouge** le muletier endormi. (F. MAURIAC.)

Pour ne pas confondre le **présent de l'indicatif** avec le **présent du subjonctif,** il faut se rapporter au **sens** de l'action ; l'on peut aussi **penser** à la **1ʳᵉ personne** du pluriel ou **remplacer** le verbe employé par un autre verbe comme *finir, sentir, prendre, venir, aller...* dont les formes au présent de l'indicatif et du subjonctif sont différentes à l'oreille.

▶ Qu'une abeille **coure** un danger...
Que nous **courions** un danger... } *subjonctif présent :* **coure.**
Qu'une abeille **sente** un danger...

▶ Une abeille fuit le danger qu'elle **court**
Nous fuyons le danger que nous **courons** } *indicatif présent :* **court.**
Une abeille fuit le danger qu'elle **sent**

CHAPITRE 14

L'IMPARFAIT DU SUBJONCTIF

I. Il se forme sur le passé simple.

a/ Pour les personnes autres que la 3e du singulier, on ajoute à la 2e personne du singulier du passé simple les finales **-se, -ses, -sions, - siez, -sent.**

b/ Pour la 3e personne du singulier, dans le 1er groupe, le a final du passé simple devient **ât** ; pour les autres verbes **la dernière voyelle** de la 3e personne du singulier au passé simple prend un **accent circonflexe** :

▶ Il fallait **que je coupasse** le foin.

▶ La matinée lui *parut* longue et son travail irritant bien qu'il l'**aimât**.

(G. DUHAMEL.)

couper	finir	lire	tenir
Passé simple			
Tu coupas Il coupa	Tu finis Il finit	Tu lus Il lut	Tu tins Il tint
Imparfait du subjonctif			
que je coupasse que tu coupasses qu'il coupât que n. coupassions que v. coupassiez qu'ils coupassent	que je finisse que tu finisses qu'il finît que n. finissions que v. finissiez qu'ils finissent	que je lusse que tu lusses qu'il lût que n. lussions que v. lussiez qu'ils lussent	que je tinsse que tu tinsses qu'il tînt que n. tinssions[1] que v. tinssiez[1] qu'ils tinssent[1]

avoir : *passé simple :* **tu eus** ; *imparfait du subj. :* que j'**eusse.**
être : *passé simple :* **tu fus** ; *imparfait du subj. :* que je **fusse.**

---

1. C'est seulement à l'imparfait du subjonctif des verbes *venir, tenir* et de leurs composés qu'une consonne double (*ss*) s'appuie sur une voyelle nasale.

Pour que le verbe de la proposition subordonnée soit à l'imparfait du subjonctif, il faut que le verbe de la principale soit à l'imparfait, à un passé ou au conditionnel[1] :

▶ **Il fallait, il a fallu, il faudrait   que je coupasse.**

▶ trier   réussir   rompre   accourir   devoir   contenir
  percer   perdre   plaindre   mourir   résoudre   devenir

II. Confusion à éviter

C'est celle des **troisièmes personnes** du **passé simple** et de l'**imparfait du subjonctif,** au singulier :

▶ Christophe était fier qu'on le **traitât** en homme.   (R. ROLLAND.)

▶ Christophe était si réfléchi qu'on le **traita** en homme.

Pour ne pas confondre la **3ᵉ personne du singulier du passé simple** avec la même personne de l'**imparfait du subjonctif** qui prend un **accent circonflexe,** il faut se rapporter au **sens** de l'action ; l'on peut aussi **penser** à la personne **correspondante du pluriel.**

▶ Il était fier qu'on le **traitât** en homme $\Big\}$ *subjonctif imparfait :* traitât.
  Il était fier qu'ils le **traitassent...**

▶ Il était si réfléchi qu'on le **traita...** $\Big\}$ *passé simple :* traita.
  Il était si réfléchi qu'ils le **traitèrent...**

---

1. Après le conditionnel présent dans la principale, on tolérera le verbe de la subordonnée au présent du subjonctif au lieu de l'imparfait. (Arrêté du 26 février 1901.)

CHAPITRE 15

LES TEMPS COMPOSÉS DU SUBJONCTIF

Il y en a deux : le passé et le plus-que-parfait.

I. Formation

1. Le **passé du subjonctif** est formé du **présent du subjonctif** de l'auxiliaire *avoir* ou *être* et du **participe passé** du verbe conjugué :

> ▶ Je viens de parcourir treize mille kilomètres sans que le moteur **ait toussé** une fois, sans qu'un écrou **se soit desserré**.　(A. DE SAINT-EXUPÉRY.)

2. Le **plus-que-parfait du subjonctif** est formé de l'**imparfait du subjonctif** de l'auxiliaire *avoir* ou *être* et du **participe passé** du verbe conjugué :

> ▶ Le cocher attendait que les voyageurs **eussent fini** de s'extasier.
> (G. DE MAUPASSANT.)

II. Emplois

Pour que le verbe de la **subordonnée** soit :

1. au **passé du subjonctif,** il faut que le verbe de la principale soit au présent de l'indicatif, au futur, ou au présent de l'impératif :

> ▶ Il faut, il faudra, attends **que j'aie coupé** le foin.

2. au **plus-que-parfait du subjonctif,** il faut que le verbe de la principale soit à l'imparfait de l'indicatif, à un passé ou au conditionnel :

> ▶ Il fallait, il fallut, il faudrait **que j'eusse coupé**...

III. Confusions à éviter

1. **Entre indicatif et subjonctif pour ai, aie**

> ▶ Encore un joli coin que **j'ai trouvé** là pour rêver...　(A. DAUDET.)

> ▶ Un beau livre est le meilleur compagnon que j'**aie trouvé** dans cet humain voyage.　(MONTAIGNE.)

Il faut écrire **aie** avec un **e** quand le pluriel est **ayons**, c'est le **présent** ou le **passé du subjonctif.** Si **ai** fait **avons**, c'est le **présent de l'indicatif** ou le **passé composé :**

> ► ... un joli coin que j'**ai** trouvé...
> ... un joli coin que nous **avons** trouvé...
> ... le meilleur compagnon que j'**aie** trouvé...
> ... le meilleur compagnon que nous **ayons** trouvé...

2. Entre indicatif et conditionnel ou subjonctif pour eut, eût - fut, fût

> ► **Quand il eut fini,** il était midi.   (G. ARNAUD.)

> ► Ce nom banal entre tous, il ne l'**eût** pas **changé** contre ceux de Turenne et de Condé réunis.   (E. ABOUT.)

> ► Bien qu'il **eût dépassé** la soixantaine, sa barbe était noire.   (J. KESSEL.)

a/ Il faut écrire **eut** et **fut, sans accent,** quand le pluriel est **eurent** ou **furent** ; c'est le **passé simple** ou le **passé antérieur.**

Eût et **fût** sont accentués quand le pluriel est **eussent** ou **fussent.** C'est le **conditionnel passé 2ᵉ forme** ou le **subjonctif imparfait** ou **plus-que-parfait :**

> ► Quand il **eut** fini, il était midi.
> Quand ils **eurent** fini, il était midi.

> ► Ce nom... il ne l'**eût** pas changé...
> Ce nom... il ne l'**aurait** pas changé...

> ► Bien qu'il **eût dépassé** la soixantaine...
> Bien qu'ils **eussent dépassé** la soixantaine...

b/ Il est facile de reconnaître si **eût** et **fût** sont au **conditionnel** ou au **subjonctif. Eût** et **fût, au conditionnel,** peuvent être remplacés par **aurait** ou **serait,** parfois par **avait** ou **était.** Au **subjonctif, eût** peut être remplacé par **ait** et **fût** par **soit :**

> ► Si l'on **eût** (*avait*) tenu les portes fermées, jamais le peuple ne **fût** (*serait*) entré dans la forteresse.   (CHATEAUBRIAND.)

> ► Il ne se plaignait jamais quoiqu'il **eût** (*ait*) de perpétuels sujets de plainte.   (A. FRANCE.)

> ► Encore eussions-nous accepté que le printemps **fût** (*soit*) tardif ; mais point qu'il tergiverse.   (A. GIDE.)

CHAPITRE 16

RÉVISION DES TEMPS COMPOSÉS

I. Formation des temps composés

Un **temps composé** est formé de l'**auxiliaire** *avoir* ou *être* et du **participe passé du verbe** conjugué.

Passé composé	*Plus-que-parfait*	*Passé antérieur*	*Futur antérieur*
Présent de l'indicatif de l'auxiliaire + **Participe passé** du verbe conjugué	**Imparfait de l'indicatif** de l'auxiliaire + **Participe passé** du verbe conjugué	**Passé simple** de l'auxiliaire + **Participe passé** du verbe conjugué	**Futur simple** de l'auxiliaire + **Participe passé** du verbe conjugué
Conditionnel passé 1ʳᵉ forme	*Conditionnel passé 2ᵉ forme*	*Passé du subjonctif*	*Plus-que-parfait du subjonctif*
Présent du conditionnel de l'auxiliaire + **Participe passé** du verbe conjugué	**Imparfait du subjonctif** de l'auxiliaire + **Participe passé** du verbe conjugué	**Présent du subjonctif** de l'auxiliaire + **Participe passé** du verbe conjugué	**Imparfait du subjonctif** de l'auxiliaire + **Participe passé** du verbe conjugué

II. Choix de l'auxiliaire

Certains verbes se conjuguent avec l'auxiliaire *avoir,* d'autres avec l'auxiliaire *être.*
• On choisira donc d'abord l'auxiliaire nécessaire. On notera que les verbes *avoir* et *être* prennent tous deux, aux temps composés, l'auxiliaire *avoir.*
• On mettra l'auxiliaire au temps et au mode convenables. On trouvera la conjugaison des verbes *avoir* et *être* p. 116 et p. 117.

1. Exemple de verbe se conjuguant avec l'auxiliaire « avoir »
Obéir

Indicatif			
Passé composé	*Plus-que-parfait*	*Passé antérieur*	*Futur antérieur*
J' ai obéi N. avons obéi Ils ont obéi	J' avais obéi N. avions obéi Ils avaient obéi	J' eus obéi N. eûmes obéi Ils eurent obéi	J' aurai obéi N. aurons obéi Ils auront obéi

Conditionnel passé		Subjonctif	
1re forme	*2e forme*	*Passé*	*Plus-que-parfait*
J' aurais obéi N. aurions obéi Ils auraient obéi	J' eusse obéi N. eussions obéi Ils eussent obéi	que j' aie obéi que n. ayons obéi qu'ils aient obéi	que j' eusse obéi que n. eussions obéi qu'ils eussent obéi

2. Exemple de verbe se conjuguant avec l'auxiliaire « être »
Partir

Indicatif			
Passé composé	*Plus-que-parfait*	*Passé antérieur*	*Futur antérieur*
Je suis parti N. sommes partis Ils sont partis	J' étais parti N. étions partis Ils étaient partis	Je fus parti N. fûmes partis Ils furent partis	Je serai parti N. serons partis Ils seront partis

Conditionnel passé		Subjonctif	
1re forme	*2e forme*	*Passé*	*Plus-que-parfait*
Je serais parti N. serions partis Ils seraient partis	Je fusse parti N. fussions partis Ils fussent partis	que je sois parti que n. soyons partis qu'ils soient partis	que je fusse parti que n. fussions partis qu'ils fussent partis

• Quelques verbes se conjuguant avec *avoir*

▶ gagner	réfléchir	croire	craindre
crier	applaudir	rompre	éteindre
secouer	sourire	apercevoir	souffrir
saluer	cueillir	paraître	couvrir
essayer	omettre	résoudre	écrire
brunir	prendre	entendre	traduire

• Verbes se conjuguant avec *être*

▶ aller	rester	partir	parvenir
arriver	tomber	venir	intervenir
entrer	mourir	revenir	naître

III. Accord du participe

1. Le **participe passé employé avec** *avoir* **sans complément direct d'objet reste invariable :**

▶ Les églantiers **avaient refleuri** au bourdonnement des dernières abeilles. (P. LOTI.)

2. Le **participe passé employé avec** *avoir* **s'accorde en genre et en nombre avec le complément direct d'objet quand celui-ci est placé avant le participe :**

▶ J'**avais quitté** une campagne touffue, je l'**ai retrouvée** dégarnie.
(J. RENARD.)

▶ Il me regardait de ses petits yeux que la vie **avait désertés**. (J. PERRY.)

▶ Tu as ri si fort que les passants **ont levé** la tête et nous **ont vus**.
(G. DUHAMEL.)

▶ Le métayer pensait sans doute, en rentrant son blé, aux craintes vaines qu'il **avait eues**. (R. BAZIN.)

3. Le **participe passé employé avec** *être* **s'accorde en genre et en nombre avec le sujet du verbe.**

▶ Les oiseaux s'apprêtent à partir ou **sont** déjà **partis**. (M. TINAYRE.)

▶ Tout à coup le tonnerre **a grondé**. La pluie **est tombée**. (J. VALLÈS.)

CHAPITRE 17

LA VOIX PRONOMINALE

Présent de l'indicatif	Passé composé
Je me lève	Je me suis levé
Tu te lèves	Tu t'es levé
Il se lève	Il s'est levé
N. nous levons	N. nous sommes levés
V. vous levez	V. vous êtes levés
Ils se lèvent	Ils se sont levés

Un **verbe pronominal** est un verbe qui se conjugue avec **deux pronoms de la même personne** ou un **nom sujet** et un **pronom** adjoint au verbe, représentant **le même être** ou **la même chose.**

▶ **Je me** lève = **Je** lève **moi.**
La lune **se lève** = la lune lève **elle.**

▶ Enfin le garde **se lève,** allume sa lanterne, et j'écoute son pas lourd qui **se perd** dans la nuit. (A. DAUDET.)

Les temps composés d'un verbe pronominal se construisent toujours avec l'auxiliaire **être :**

▶ La lune **s'est levée** ronde et brillante... (R. ROLLAND.)

Les **variations** de sens du **pronom** qui n'est pas sujet font distinguer **quatre sortes** de verbes pronominaux :

1. a/ Les verbes **essentiellement** pronominaux.
Ces verbes comme *s'emparer, se blottir, s'enfuir* ne s'emploient qu'à cette forme :

▶ J'entends le gazouillement confus des hirondelles qui **se sont emparées** de la maison. (X. DE MAISTRE.)

b/ Certains verbes comme *s'apercevoir de, s'attendre à, se douter de, se garder de, s'occuper de, se plaindre de,* etc., ont à la voix pronominale un sens assez différent de celui du verbe actif. Ils doivent être considérés comme des verbes essentiellement pronominaux. Dans les verbes **essentiellement** pronominaux le deuxième pronom fait corps avec le verbe et ne s'analyse pas.

2. Les verbes **accidentellement** pronominaux de **sens réfléchi**. Dans ces verbes l'action se retourne, se réfléchit sur le sujet :

▶ A sept heures et demie sonnant, **je me débarbouillais,** je cirais mes sabots, **je me lavais** les mains, **je m'habillais.** (CH. PÉGUY.)

3. Les verbes **accidentellement** pronominaux de **sens réciproque**. Dans ces verbes l'action faite par plusieurs êtres ou plusieurs choses s'exerce de l'un sur l'autre ou des uns sur les autres et réciproquement :

▶ Les coqs **s'éveillent** mutuellement et **s'appellent** d'une chaumière à l'autre. (G. SAND.)

Le **deuxième pronom** ne **s'analyse** que dans les verbes **accidentellement** pronominaux. Il peut être complément d'objet direct ou indirect :

▶ Je **me** lavais les mains (**me,** *complément d'attribution ou d'objet indirect*).
Je **m'**habillais (**me,** *complément d'objet direct*).
Les coqs **s'**éveillent (**s'**, *complément d'objet direct*).
Ils **se** nuisent (**se,** *complément d'objet indirect*).
Il **s'**est offert un livre (**s'**, *complément d'attribution[1]*).

4. Les verbes pronominaux de **sens passif**.
Dans ces verbes, le sujet ne fait pas l'action, il la subit ; le deuxième pronom ne s'analyse pas :

▶ Les hameaux **s'étaient vidés** de leurs mendiants. (P. LOTI.)

▶ **Elle se nommera** comme tu voudras, mon ami. Son nom de baptême est Radegonde. (A. FRANCE.)

● Elle se nommera = elle sera nommée.

● Quelques verbes accidentellement pronominaux

▶ s'apitoyer	s'atteler	se heurter	se poursuivre
s'assagir	se battre	s'instruire	se quereller
s'asseoir	s'éteindre	se pencher	se taire
s'assoupir	se frapper	se perdre	se plaindre

● Quelques verbes essentiellement pronominaux

▶ s'accouder	s'évanouir	s'immiscer	se repentir
se cabrer	s'évertuer	s'ingénier	se tapir
s'écrouler	s'envoler	s'insurger	se vautrer
se démener	s'extasier	se lamenter	se souvenir

---

1. Pour la nuance entre le complément indirect et le complément d'attribution cf. p. 55, IV.
* Les règles d'accord des participes passés des verbes pronominaux sont données pp. 51-52.

CHAPITRE 18

LA VOIX PASSIVE

Présent	Imparfait	Passé simple	Passé composé
Je suis habillé	J'étais habillé	Je fus habillé	J'ai été habillé

1. Un verbe est à la **voix passive** quand le sujet **subit** l'action :

▶ Des légions de petits personnages, nymphes, fées, génies, **furent habillés** *par* nos mains. (P. LOTI.)

▶ Les champs **étaient couverts** de criquets énormes. (A. DAUDET.)

Le **complément d'objet direct** du verbe actif devient le **sujet** du verbe passif. Le **sujet** de l'actif devient le complément **d'agent** du passif. L'**agent** désigne l'être ou la chose qui fait l'action, qui **agit** :

▶ Des **criquets** énormes couvraient les **champs**.
Les **champs** étaient couverts de **criquets** énormes.

Le complément d'agent est généralement introduit par les prépositions *par* ou *de*.

2. En général, il n'y a que les verbes transitifs directs qui puissent être employés à la voix passive.

• *Obéir* et *pardonner,* bien que transitifs indirects, peuvent être passifs. Autrefois, ils étaient transitifs directs.

3. Les verbes comme *tomber, arriver,* dont la conjugaison se fait toujours avec l'auxiliaire **être,** ne sont jamais passifs.

4. Le verbe pronominal peut avoir le sens passif : cf. p. 109, n° 4.

▶ Les petits gorets **s'achetaient** à certaines foires. (J. CRESSOT.)

• = *les gorets étaient achetés.*

5. Il ne faut pas confondre le verbe **passif** et le verbe **être** suivi d'un participe passé, marquant l'**état.**

▶ La branche **est brisée** ; la branche **est verte.**

• *Brisée* et *verte* marquent l'état ; ils sont **attributs** du sujet.

▶ La branche **est brisée** par le vent.

• Le complément d'agent fait l'action *est brisée* : v. passif **être brisé.**

▶ Le vent souffle, la branche **est brisée.**

• On peut dire : Le vent souffle, il brise la branche, *est brisée* : v. passif **être brisé.**

6. La conjugaison d'un verbe passif est la conjugaison du verbe **être** suivi du **participe passé du verbe** conjugué.

▶ **être ;**   *prés. :* je **suis ;**   *passé comp. :* j'**ai été.**
    être habillé : *prés. :* je **suis habillé ;** *passé comp. :* j'**ai été habillé.**

CHAPITRE 19

LA FORME IMPERSONNELLE

▶ **Il neigeait.** On était vaincu par sa conquête.   (V. HUGO.)

▶ Même **il m'est arrivé** quelquefois de manger/Le berger.   (LA FONTAINE.)

▶ Quand la terre a bien bu, **il se forme** de petites mares.   (A. DE MUSSET.)

▶ Qu'il te **souvienne** de garder ta parole
Et je tiendrai la mienne.   (CORNEILLE.)

Présent	Imparfait	Passé simple	Futur simple
Il neige	Il neigeait	Il neigea	Il neigera

Un verbe impersonnel est un verbe dont **le sujet ne représente ni une personne, ni un animal, ni une chose définie.**
Les verbes impersonnels ne se conjuguent qu'à la **3ᵉ personne du singulier,** avec le sujet **il, du genre neutre.**
Il y a des verbes **essentiellement** impersonnels comme *neiger, grêler, bruiner, falloir...*
Certains verbes peuvent être **accidentellement** impersonnels :

▶ Il m'**est arrivé de...** — Il **convient** de dire. — Il **se peut** que je sorte.

Remarques
1. Le verbe impersonnel peut parfois, surtout au figuré, s'employer à la forme personnelle : il s'accorde alors avec son sujet :

▶ Mille autres injures pleuvaient.   (V. HUGO.)

2. Le participe passé des verbes **impersonnels** ou employés à la **forme impersonnelle** reste **invariable** :

▶ Il **m'est arrivé** bien des malheurs.

▶ Les chaleurs qu'il y a **eu** ont tout brûlé.

CHAPITRE 20

LA FORME NÉGATIVE

I. Les locutions négatives

La **négation** indique que l'action ne se fait pas.

1. **Pour mettre un verbe à la forme négative,** on ajoute une locution adverbiale de négation comme : *ne... pas, ne... plus, ne... jamais, ne... point, ne... que, ne... guère, ne... rien, ne... nullement, ne... personne,* etc., à la forme affirmative.

▶ Quelle avait pu être sa jeunesse ? Elle **n'**en *parlait* **jamais.** On *ne* la *questionnait* **pas.** Savait-on seulement son prénom ? Personne au monde **ne** *l'appelait* **plus** par son prénom. (R. MARTIN DU GARD.)

Je **ne** parle **pas**	Je **n'**avais **pas** parlé	**ne pas** parler

2. La locution *ne... que* signifie généralement *seulement.*

▶ L'oiseau, pour toit, **n'**a **qu'**une feuille. (J. MICHELET.)

3. Ne... goutte, ne... mot sont aussi des locutions négatives.

▶ Je **n'**y comprends **goutte.**

▶ Il **ne** dit **mot.**

II. Remarques sur la forme négative

1. Le **deuxième terme** de la locution négative peut se trouver parfois placé **avant** *ne* :

▶ **Jamais** vêtement **ne** vint **plus** à propos. (STENDHAL.)

2. La négation ne comprend parfois qu'un terme **ne** : C'est votre grammaire qui vous apprendra les quelques cas où cela se produit :

▶ Il **n'**est pire eau que l'eau qui dort.

▶ Qu'à cela **ne** tienne.

▶ **Ni** l'âge **ni** la douleur **n'**avaient voûté ses épaules.   (E. ABOUT.)

▶ Mon compagnon reprit : « **Si** je **ne** me trompe, c'est un ouragan qui nous arrive. »   (G. DE MAUPASSANT.)

▶ Il **ne** cesse de crier. — Je **n'**ose y croire. — Je **ne** peux le dire. — Que **n'**ai-je des témoins !

3. Ne dans la proposition subordonnée. Ce **ne** n'a pas forcément le sens négatif et il faut employer **ne... pas** pour obtenir ce sens négatif :

▶ Je crains qu'il **ne** vienne = *je crains sa venue.*

▶ Je crains qu'il **ne** vienne **pas** = *je crains son absence.*

Ce **ne** qui ne nie pas est dit alors **explétif.** Ce sont vos grammaires qui vous apprendront les cas où le verbe principal ou la locution conjonctive exigent **ne** dans la subordonnée :

▶ Le cheval filait vite et Christophe riait de joie, **à moins qu'**on **ne** vînt à croiser d'autres promeneurs.   (R. ROLLAND.)

▶ **De peur que** Clément **ne** prît froid, je le couvris de mon chapeau tyrolien.   (A. FRANCE.)

▶ Sors vite **que** je **ne** t'assomme.   (MOLIÈRE.)

▶ Je **crains** un peu que le chien Blak **ne** s'abandonne à quelque fantaisie brutale...   (G. DUHAMEL.)

III. Une faute à éviter : « on » pour « on n' »

Ne nous laissons pas tromper par la liaison et n'oublions pas, dans la phrase négative, la négation **n'** après **on** lorsque le verbe commence par une voyelle ou est précédé de **y** ou de **en** :

▶ On **n'**entend **que** la pluie tomber sur le pavé.   (G. FLAUBERT.)

Il faut remplacer on par **il** pour savoir si l'on doit écrire la négation **n'** :

▶ **On** apprend d'abord à boire du lait. **On n'**apprend que plus tard à respirer des fleurs.   (A. FRANCE.)

▶ **Il** apprend d'abord à boire du lait. **Il n'**apprend que plus tard à respirer des fleurs.

CHAPITRE 21

LA FORME INTERROGATIVE

1. A la **forme interrogative**, on place le **pronom personnel sujet**, les pronoms **ce** ou **on** après le **verbe**, ou **après l'auxiliaire** dans les **temps composés.** On lie ces pronoms au verbe par un **trait d'union.**

Présent de l'indicatif	Futur simple	Passé composé
Trouvé-je ?	Trouverai-je ?	Ai-je trouvé ?
Trouve-t-il ?...	Trouvera-t-il ?...	A-t-il trouvé ?...
Trouvent-ils ?	Trouveront-ils ?	Ont-ils trouvé ?
Imparf. de l'indicatif	*Passé antérieur*	*Conditionnel passé 2ᵉ f.*
Trouvais-je ?	Eus-je trouvé ?	Eussé-je trouvé ?

▶ Ma mère ne s'enquit pas davantage du savoir de la jeune villageoise... et la congédia avec un imperceptible sourire...
« Comment la **trouves-tu**, François ? » demanda ma mère.   (A. FRANCE.)

▶ **Est-ce vrai ?**

● On peut aussi faire précéder le verbe à la forme affirmative de l'expression : *Est-ce que...*

▶ **Est-ce que** je trouve ? **Est-ce que** je trouverai ?

Pour l'oreille, on préférera : *est-ce que je cours ? à cours-je ?...*

2. Pour éviter la rencontre

● **de deux syllabes muettes,** on met un **accent aigu** sur l'e muet terminal de la 1ʳᵉ personne du singulier du présent de l'indicatif des verbes en **e.r** et de l'auxiliaire du conditionnel passé 2ᵉ forme de tous les verbes :

▶ trouvé-je ? eussé-je trouvé ? fussé-je né ?

▶ Quant à la perte que j'avais faite, comment l'eussé-je réalisée ? (A. GIDE.)

● **de deux voyelles,** on place un **t** euphonique après **e** ou **a** à la 3ᵉ personne du singulier :

▶ trouve-t-il ? trouvera-t-il ? a-t-il trouvé ?

3. Lorsque le sujet du verbe est un nom ou un démonstratif, on met après le verbe un pronom qui les reprend.

▶ A midi, dans la chaleur, l'**abeille** restera-t-**elle** inactive ? (J. MICHELET.)

▶ **Celui-ci** viendra-t-il ?

4. L'interrogation peut être marquée par des mots interrogatifs : pronom, adjectif, adverbe, etc.

▶ **Qui** vient ? **Quel** est ce bruit ? Au loin, dans la nuit, résonnent sur la neige les sabots d'un cheval... (M. COLMONT.)

▶ **Où** courir ? **Où** ne pas courir ? (MOLIÈRE.)

5. L'interrogation peut s'exprimer par un verbe à la forme affirmative, par un simple mot. **L'intonation** seule marque l'interrogation :

▶ Pierre interroge le médecin : « **On pourra** le sauver ? » (R. FRISON-ROCHE.)

▶ « **L'auberge ?** dit l'homme. Eh bien, je vais aller y loger cette nuit. Conduis-moi. » (V. HUGO.)

CHAPITRE 22

LA FORME INTERRO-NÉGATIVE

La **forme interro-négative** est la combinaison de la **forme interrogative** et de la **forme négative :**

Osé-je ?
Je *n*'ose *pas.* $\Big\}$ *N*'osé-je *pas* ?

▶ J'étais un assez bon élève. Pourquoi n'**osé-je** *pas* dire : un très bon ? (A. GIDE.)

• Les verbes ne peuvent s'écrire sous la forme interrogative ou interro-négative qu'aux modes indicatif et conditionnel.

Présent de l'indicatif	Imparfait	Passé simple
N'osé-je pas ?	N'osais-je pas ?	N'osai-je pas ?
Passé composé	Plus-que-parfait	Cond. passé 2e f.
N'ai-je pas osé ?	N'avais-je pas osé ?	N'eussé-je pas osé ?

CHAPITRE 23

VERBES DIFFICILES OU IRRÉGULIERS

I. Le verbe avoir

INDICATIF		SUBJONCTIF
Présent	*Passé composé*	*Présent*
J' ai	J' ai eu	que j' aie[1]
Tu as	Tu as eu	que tu aies[1]
Il a	Il a eu	qu'il ait[1]
N. avons	N. avons eu	que n. ayons
V. avez	V. avez eu	que v. ayez
Ils ont	Ils ont eu	qu'ils aient
Imparfait	*Plus-que-parfait*	*Imparfait*
J' avais	J' avais eu	que j' eusse
Tu avais	Tu avais eu	que tu eusses
Il avait	Il avait eu	qu'il eût
N. avions	N. avions eu	que n. eussions
V. aviez	V. aviez eu	que v. eussiez
Ils avaient	Ils avaient eu	qu'ils eussent
Passé simple	*Passé antérieur*	*Passé*
J' eus	J' eus eu	que j' aie eu
Tu eus	Tu eus eu	que tu aies eu
Il eut	Il eut eu	qu'il ait eu
N. eûmes	N. eûmes eu	que n. ayons eu
V. eûtes	V. eûtes eu	que v. ayez eu
Ils eurent	Ils eurent eu	qu'ils aient eu
Futur	*Futur antérieur*	*Plus-que-parfait*
J' aurai	J' aurai eu	que j' eusse eu
Tu auras	Tu auras eu	que tu eusses eu
Il aura	Il aura eu	qu'il eût eu
N. aurons	N. aurons eu	que n. eussions eu
V. aurez	V. aurez eu	que v. eussiez eu
Ils auront	Ils auront eu	qu'ils eussent eu

CONDITIONNEL		
Présent	*Passé 1re forme*	*Passé 2e forme*
J' aurais	J' aurais eu	J' eusse eu
Tu aurais	Tu aurais eu	Tu eusses eu
Il aurait	Il aurait eu	Il eût eu
N. aurions	N. aurions eu	N. eussions eu
V. auriez	V. auriez eu	V. eussiez eu
Ils auraient	Ils auraient eu	Ils eussent eu

IMPÉRATIF		INFINITIF		PARTICIPE	
Présent	*Passé*	*Présent*	*Passé*	*Présent*	*Passé*
aie, ayons, ayez	aie eu, ayons eu, ayez eu	avoir	avoir eu	ayant	eu, eue ayant eu

1. Ce qui est particulièrement difficile, c'est que les 3 premières personnes du singulier du subjonctif de *avoir* mélangent les terminaisons du Groupe I (**-e, -es**) et une terminaison des Groupes II ou III (**-t**).

II. Le verbe être

INDICATIF		SUBJONCTIF
Présent	*Passé composé*	*Présent*
Je suis	J' ai été	que je sois
Tu es	Tu as été	que tu sois
Il est	Il a été	qu'il soit
N. sommes	N. avons été	que n. soyons
V. êtes	V. avez été	que v. soyez
Ils sont	Ils ont été	qu'ils soient
Imparfait	*Plus-que-parfait*	*Imparfait*
J' étais	J' avais été	que je fusse
Tu étais	Tu avais été	que tu fusses
Il était	Il avait été	qu'il fût
N. étions	N. avions été	que n. fussions
V. étiez	V. aviez été	que v. fussiez
Ils étaient	Ils avaient été	qu'ils fussent
Passé simple	*Passé antérieur*	*Passé*
Je fus	J' eus été	que j' aie été
Tu fus	Tu eus été	que tu aies été
Il fut	Il eut été	qu'il ait été
N. fûmes	N. eûmes été	que n. ayons été
V. fûtes	V. eûtes été	que v. ayez été
Ils furent	Ils eurent été	qu'ils aient été
Futur	*Futur antérieur*	*Plus-que-parfait*
Je serai	J' aurai été	que j' eusse été
Tu seras	Tu auras été	que tu eusses été
Il sera	Il aura été	qu'il eût été
N. serons	N. aurons été	que n. eussions été
V. serez	V. aurez été	que v. eussiez été
Ils seront	Ils auront été	qu'ils eussent été

CONDITIONNEL		
Présent	*Passé 1re forme*	*Passé 2e forme*
Je serais	J' aurais été	J' eusse été
Tu serais	Tu aurais été	Tu eusses été
Il serait	Il aurait été	Il eût été
N. serions	N. aurions été	N. eussions été
V. seriez	V. auriez été	V. eussiez été
Ils seraient	Ils auraient été	Ils eussent été

IMPÉRATIF		INFINITIF		PARTICIPE	
Présent	*Passé*	*Présent*	*Passé*	*Présent*	*Passé*
sois,	aie été,	être	avoir été	étant	été[1]
soyons,	ayons été,				ayant été
soyez	ayez été				

1. Attention : *été* (contrairement à *eu*) est toujours invariable : « *La petite fille que j'ai été autrefois* ».

III. Le verbe (s'en) aller

Présent	Imparfait	Passé simple	Futur simple
Je m'en vais	Je m'en allais	Je m'en allai	Je m'en irai
Tu t'en vas	Tu t'en allais	Tu t'en allas	Tu t'en iras
Il s'en va	Il s'en allait	Il s'en alla	Il s'en ira
N. n. en allons	N. n. en allions	N. n. en allâmes	N. n. en irons
V. v. en allez	V. v. en alliez	V. v. en allâtes	V. v. en irez
Ils s'en vont	Ils s'en allaient	Ils s'en allèrent	Ils s'en iront
Passé composé	*Plus-que-parfait*	*Passé antérieur*	*Futur antérieur*
Je m'en suis allé	Je m'en étais allé	Je m'en fus allé	Je m'en serai allé
N. n. en sommes allés	N. n. s'en étaient allés	N. n. en fûmes allés	N. n. s'en serons allés
Ils s'en sont allés	Ils s'en étaient allés	Ils s'en furent allés	Ils s'en seront allés
Cond. présent	*Cond. pass. 1ʳᵉ forme*	*Cond. pass. 2ᵉ forme*	*Impératif présent*
Je m'en irais	Je m'en serais allé	Je m'en fusse allé	va-t-en
N. n. en irions	N. n. en serions allés	N. ns en fussions allés	allons-nous-en
Ils s'en iraient	Ils s'en seraient allés	Ils s'en fussent allés	allez-vous-en
Subjonctif présent	*Subjonctif imparfait*	*Subjonctif passé*	*Subj. plus-que-parfait*
que je m'en aille	que je m'en allasse	que je m'en sois allé	que je m'en fusse allé
que n. n. en allions	que n. n. en allassions	que n. n. en soyons allés	que n. n. en fussions allés
qu'ils s'en aillent	qu'ils ' s'en allassent	qu'ils s'en soient allés	qu'ils s'en fussent allés
Infinitif présent	*Infinitif passé*	*Participe présent*	*Participe passé*
s'en aller	s'en être allé	s'en allant	s'en étant allé, en allé

Remarques
- **S'en aller** se conjugue comme *s'en repentir, s'en moquer, s'en sortir* : **en** reste toujours placé près du pronom réfléchi :

▶ Je **m'en** vais, je **m'en** suis allé. Ils **s'en** allaient, ils **s'en** étaient allés.
Je **m'en** repens, je **m'en** suis repenti. Ils **s'en** repentaient, ils **s'en** étaient repentis.

Dans *s'en aller*, **en** est adverbe, il fait partie du verbe et ne s'analyse pas.

p. 119 →

- Le verbe **asseoir** se conjugue de deux manières aux temps simples, sauf au passé simple et à l'imparfait du subjonctif.
La forme en **e** : *j'assieds, j'asseyais, j'assiérai, que j'asseye*, s'emploie plus couramment que la forme en **oi** : *j'assois, tu assois, il assoit...*
Lorsqu'il s'agit du pronominal **s'asseoir**, il faut remplacer **avoir** par **être** aux temps composés : *je me suis assis, je m'étais assis...*

IV. Un verbe capricieux : asseoir

Présent de l'indicatif	*Imparfait de l'indicatif*	*Futur simple*
J' assieds	J' asseyais	J' assiérai
Tu assieds	Tu asseyais	Tu assiéras
Il assied	Il asseyait	Il assiéra
N. asseyons	N. asseyions	N. assiérons
V. asseyez	V. asseyiez	V. assiérez
Ils asseyent	Ils asseyaient	Ils assiéront
J' assois	J' assoyais	J' assoirai
Tu assois	Tu assoyais	Tu assoiras
Il assoit	Il assoyait	Il assoira
N. assoyons	N. assoyions	N. assoirons
V. assoyez	V. assoyiez	V. assoirez
Ils assoient	Ils assoyaient	Ils assoiront

Passé simple	*Passé composé*	*Passé antérieur*
J' assis, Tu assis, Il assit	J' ai assis	J' eus assis
N. assîmes	*Plus-que-parfait*	*Futur antérieur*
V. assîtes	J' avais assis	J' aurai assis
Ils assirent	N. avions assis	N. aurons assis

Conditionnel présent		*Cond. passé 1ʳᵉ f.*
J' assiérais	J' assoirais	J' aurais assis
Tu assiérais	Tu assoirais	N. aurions assis
Il assiérait	Il assoirait	
N. assiérions	N. assoirions	*Cond. passé 2ᵉ f.*
V. assiériez	V. assoiriez	J' eusse assis
Ils assiéraient	Ils assoiraient	N. eussions assis

Impératif présent		*Impératif passé*
assieds	assois	aie assis
asseyons	assoyons	
asseyez	assoyez	

Subjonctif présent	*Subjonctif imparfait*	*Infinitif présent*
que j' asseye	que j' assisse	asseoir
que tu asseyes	que tu assisses	
qu'il asseye	qu'il assît	
que n. asseyions	que n. assissions	*Infinitif passé*
que v. asseyiez	que v. assissiez	avoir assis
qu'ils asseyent	qu'ils assissent	
que j' assoie	*Subjonctif passé*	*Participe présent*
que tu assoies	que j' aie assis	asseyant, assoyant
qu'il assoie		
que n. assoyions		
que v. assoyiez	*Subjonctif plus-que-parfait*	*Participe passé*
qu'ils assoient	que j' eusse assis	assis, ayant assis

Rasseoir et **surseoir** se conjuguent comme **asseoir**. Mais **surseoir** n'a que la forme en **oi** : *je sursois, je sursoyais...* **Surseoir** au futur et au conditionnel conserve l'e intercalé : *je surseoirai, je surseoirais.*

V. Verbes irréguliers en -er et en -ir

Infinitif	Indicatif			
Présent	Présent	Imparfait	Passé simple	Futur
aller	voir s'en aller, p. 118			
envoyer	J' envoie Tu envoies N. envoyons Ils envoient	J' envoyais N. envoyions	J' envoyai N. envoyâmes	J' enverrai N. enverrons
acquérir	J' acquiers N. acquérons Ils acquièrent	J' acquérais N. acquérions	J' acquis N. acquîmes	J' acquerrai N. acquerrons
assaillir	J' assaille N. assaillons	J' assaillais N. assaillions	J' assaillis N. assaillîmes	J' assaillirai N. assaillirons
bouillir	Je bous N. bouillons	Je bouillais N. bouillions	Je bouillis N. bouillîmes	Je bouillirai N. bouillirons
courir	Je cours N. courons	Je courais N. courions	Je courus N. courûmes	Je courrai N. courrons
cueillir	Je cueille N. cueillons	Je cueillais N. cueillions	Je cueillis N. cueillîmes	Je cueillerai N. cueillerons
dormir	Je dors N. dormons	Je dormais N. dormions	Je dormis N. dormîmes	Je dormirai N. dormirons
fuir	Je fuis, n. fuyons Ils fuient	Je fuyais N. fuyions	Je fuis N. fuîmes	Je fuirai N. fuirons
haïr	Je hais N. haïssons Ils haïssent	Je haïssais N. haïssions	Je haïs N. haïmes	Je haïrai N. haïrons
mourir	Je meurs N. mourons	Je mourais N. mourions	Je mourus N. mourûmes	Je mourrai N. mourrons
offrir	J' offre N. offrons	J' offrais N. offrions	J' offris N. offrîmes	J' offrirai N. offrirons
partir	Je pars N. partons	Je partais N. partions	Je partis N. partîmes	Je partirai N. partirons
servir	Je sers N. servons	Je servais N. servions	Je servis N. servîmes	Je servirai N. servirons
tenir	Je tiens N. tenons	Je tenais N. tenions	Je tins N. tînmes	Je tiendrai N. tiendrons
venir	Je viens N. venons	Je venais N. venions	Je vins N. vînmes	Je viendrai N. viendrons
vêtir (peu usité)	Je vêts, il vêt N. vêtons, ils vêtent	Je vêtais N. vêtions	Je vêtis N. vêtîmes	Je vêtirai N. vêtirons

Verbes irréguliers en -er et en -ir (suite)

Conditionnel	Subjonctif		Impératif	Participe	
Présent	Présent	Imparfait	Présent	Présent	Passé
J' enverrais N. enverrions	que j' envoie que n. envoyions	que j' envoyasse que n. envoyassions	envoie envoyons	envoyant	envoyé
J' acquerrais N. acquerrions	que j' acquière que n. acquérions	que j' acquisse que n. acquissions	acquiers acquérons	acquérant	acquis
J' assaillirais N. assaillirions	que j' assaille que n. assaillions	que j' assaillisse que n. assaillissions	assaille assaillons	assaillant	assailli
Je bouillirais N. bouillirions	que je bouille que n. bouillions	que je bouillisse que n. bouillissions	bous bouillons	bouillant	bouilli
Je courrais N. courrions	que je coure que n. courions	que je courusse que n. courussions	cours courons	courant	couru
Je cueillerais N. cueillerions	que je cueille que n. cueillions	que je cueillisse que n. cueillissions	cueille cueillons	cueillant	cueilli
Je dormirais N. dormirions	que je dorme que n. dormions	que je dormisse que n. dormissions	dors dormons	dormant	dormi
Je fuirais N. fuirions	que je fuie que n. fuyions	que je fuisse que n. fuissions	fuis fuyons	fuyant	fui
Je haïrais N. haïrions	que je haïsse qu'il haïsse que n. haïssions	que je haïsse qu'il haït que n. haïssions	haïs haïssons	haïssant	haï
Je mourrais N. mourrions	que je meure que n. mourions	que je mourusse que n. mourussions	meurs mourons	mourant	mort
J' offrirais N. offririons	que j' offre que n. offrions	que j' offrisse que n. offrissions	offre offrons	offrant	offert
Je partirais N. partirions	que je parte que n. partions	que je partisse que n. partissions	pars partons	partant	parti
Je servirais N. servirions	que je serve que n. servions	que je servisse que n. servissions	sers servons	servant	servi
Je tiendrais N. tiendrions	que je tienne que n. tenions	que je tinsse que n. tinssions	tiens tenons	tenant	tenu
Je viendrais N. viendrions	que je vienne que n. venions	que je vinsse que n. vinssions	viens venons	venant	venu
Je vêtirais N. vêtirions	que je vête que n. vêtions	que je vêtisse que n. vêtissions	vêts vêtons	vêtant	vêtu

VI. Verbes en -re

Infinitif	Indicatif			
Présent	Présent	Imparfait	Passé simple	Futur
battre	Je bats, il bat N. battons Ils battent	Je battais N. battions	Je battis N. battîmes	Je battrai N. battrons
boire	Je bois, il boit N. buvons Ils boivent	Je buvais N. buvions	Je bus N. bûmes	Je boirai N. boirons
conclure	Je conclus N. concluons Ils concluent	Je concluais N. concluions	Je conclus N. conclûmes	Je conclurai N. conclurons
conduire	Je conduis N. conduisons	Je conduisais N. conduisions	Je conduisis N. conduisîmes	Je conduirai N. conduirons
confire	Je confis N. confisons	Je confisais N. confisions	Je confis N. confîmes	Je confirai N. confirons
connaître	Je connais il connaît N. connaissons	Je connaissais N. connaissions	Je connus N. connûmes	Je connaîtrai N. connaîtrons
coudre	Je couds, il coud N. cousons	Je cousais N. cousions	Je cousis N. cousîmes	Je coudrai N. coudrons
craindre	Je crains, il craint N. craignons	Je craignais N. craignions	Je craignis N. craignîmes	Je craindrai N. craindrons
croire	Je crois, il croit N. croyons Ils croient	Je croyais N. croyions	Je crûs, il crût N. crûmes	Je croirai N. croirons
croître[1]	Je croîs, tu croîs, Il croît, N. croissons	Je croissais N. croissions	Je crûs N. crûmes	Je croîtrai N. croîtrons
cuire	Je cuis, il cuit N. cuisons	Je cuisais N. cuisions	Je cuisis N. cuisîmes	Je cuirai N. cuirons
dire	Je dis, n. disons V. dites, ils disent	Je disais N. disions	Je dis N. dîmes	Je dirai N. dirons
écrire	J' écris, n. écrivons Ils écrivent	J' écrivais N. écrivions	J' écrivis N. écrivîmes	J' écrirai N. écrirons
faire	Je fais, n. faisons V. faites, ils font	Je faisais N. faisions	Je fis N. fîmes	Je ferai N. ferons
lire	Je lis, n. lisons Ils lisent	Je lisais N. lisions	Je lus N. lûmes	Je lirai N. lirons

1. Les composés de ce verbe ne prennent l'accent circonflexe que sur le i du radical suivi d'un t ; seule exception : *recrû*, participe passé de *recroître*.

Verbes en -re (suite)

Conditionnel	Subjonctif		Impératif	Participe	
Présent	Présent	Imparfait	Présent	Présent	Passé
Je battrais N. battrions	que je batte que n. battions	que je battisse que n. battissions	bats battons	battant	battu
Je boirais N. boirions	que je boive que n. buvions	que je busse que n. bussions	bois buvons	buvant	bu
Je conclurais N. conclurions	que je conclue que n. concluions	que je conclusse que n. conclussions	conclus concluons	concluant	conclu
Je conduirais N. conduirions	que je conduise que n. conduisions	que je conduisisse que n. conduisissions	conduis conduisons	conduisant	conduit
Je confirais N. confirions	que je confise que n. confisions	que je confisse que n. confissions	confis confisons	confisant	confit
Je connaîtrais N. connaîtrions	que je connaisse que n. connaissions	que je connusse que n. connussions	connais connaissons	connaissant	connu
Je coudrais N. coudrions	que je couse que n. cousions	que je cousisse que n. cousissions	couds cousons	cousant	cousu
Je craindrais N. craindrions	que je craigne que n. craignions	que je craignisse que n. craignissions	crains craignons	craignant	craint
Je croirais N. croirions	que je croie que n. croyions	que je crûsse que n. crûssions	crois croyons	croyant	cru
Je croîtrais N. croîtrions	que je croisse que n. croissions	que je crusse que n. crussions	croîs croissons	croissant	crû, crue crus, crues
Je cuirais N. cuirions	que je cuise que n. cuisions	que je cuisisse que n. cuisissions	cuis	cuisant	cuit
Je dirais N. dirions	que je dise que n. disions	que je disse que n. dissions	dis, disons dites	disant	dit
J' écrirais N. écririons	que j' écrive que n. écrivions	que j' écrivisse que n. écrivissions	écris écrivons	écrivant	écrit
Je ferais N. ferions	que je fasse que n. fassions	que je fisse que n. fissions	fais, faisons faites	faisant	fait
Je lirais N. lirions	que je lise que n. lisions	que je lusse que n. lussions	lis lisons	lisant	lu

Verbes en -re (suite)

Infinitif	Indicatif			
Présent	Présent	Imparfait	Passé simple	Futur
maudire	Je maudis N. maudissons V. maudissez	Je maudissais N. maudissions	Je maudis N. maudîmes	Je maudirai N. maudirons
médire	Je médis V. médisez	comme dire	comme dire	comme dire
mettre	Je mets N. mettons	Je mettais N. mettions	Je mis N. mîmes	Je mettrai N. mettrons
moudre	Je mouds, Il moud N. moulons	Je moulais N. moulions	Je moulus N. moulûmes	Je moudrai N. moudrons
naître	Je nais, il naît N. naissons Ils naissent	Je naissais N. naissions	Je naquis N. naquîmes	Je naîtrai N. naîtrons
nuire	Je nuis N. nuisons	Je nuisais N. nuisions	Je nuisis N. nuisîmes	Je nuirai N. nuirons
plaire	Je plais, il plaît N. plaisons	Je plaisais N. plaisions	Je plus N. plûmes	Je plairai N. plairons
prendre	Je prends, il prend N. prenons Ils prennent	Je prenais N. prenions	Je pris N. prîmes	Je prendrai N. prendrons
rendre	Je rends N. rendons	Je rendais N. rendions	Je rendis N. rendîmes	Je rendrai N. rendrons
résoudre	Je résous, il résout N. résolvons	Je résolvais N. résolvions	Je résolus N. résolûmes	Je résoudrai N. résoudrons
rire	Je ris N. rions	Je riais N. riions	Je ris N. rîmes	Je rirai N. rirons
rompre	Je romps, il rompt N. rompons	Je rompais N. rompions	Je rompis N. rompîmes	Je romprai N. romprons
suffire	Je suffis N. suffisons	Je suffisais N. suffisions	Je suffis N. suffîmes	Je suffirai N. suffirons
suivre	Je suis N. suivons	Je suivais N. suivions	Je suivis N. suivîmes	Je suivrai N. suivrons
taire	Je tais N. taisons	Je taisais N. taisions	Je tus N. tûmes	Je tairai N. tairons
vaincre	Je vaincs, il vainc N. vainquons	Je vainquais N. vainquions	Je vainquis N. vainquîmes	Je vaincrai N. vaincrons
vivre	Je vis, n. vivons Ils vivent	Je vivais N. vivions	Je vécus N. vécûmes	Je vivrai N. vivrons

Verbes en -re (suite)

Conditionnel	Subjonctif		Impératif	Participe	
Présent	*Présent*	*Imparfait*	*Présent*	*Présent*	*Passé*
Je maudirais N. maudirions	que je maudisse que n. maudissions	que je maudisse que n. maudissions	maudis, maudissons, maudissez	maudissant	maudit
comme dire	*comme dire*	*comme dire*	médis, médi- sons, médisez	*comme dire*	*comme dire*
Je mettrais N. mettrions	que je mette que n. mettions	que je misse que n. missions	mets, mettons mettez	mettant	mis
Je moudrais N. moudrions	que je moule que n. moulions	que je moulusse que n. moulussions	mouds moulons moulez	moulant	moulu
Je naîtrais N. naîtrions	que je naisse que n. naissions	que je naquisse que n. naquissions	nais, naissons naissez *(peu usité)*	naissant	né
Je nuirais N. nuirions	que je nuise que n. nuisions	que je nuisisse que n. nuisissions	nuis, nuisons nuisez	nuisant	nui
Je plairais N. plairions	que je plaise que n. plaisions	que je plusse que n. plussions	plais plaisons	plaisant	plu
Je prendrais N. prendrions	que je prenne que n. prenions	que je prisse que n. prissions	prends prenons	prenant	pris
Je rendrais N. rendrions	que je rende que n. rendions	que je rendisse que n. rendissions	rends rendons	rendant	rendu
Je résoudrais N. résoudrions	que je résolve que n. résolvions	que je résolusse que n. résolussions	résous résolvons	résolvant	résolu
Je rirais N. ririons	que je rie que n. riions	que je risse que n. rissions	ris rions	riant	ri
Je romprais N. romprions	que je rompe que n. rompions	que je rompisse que n. rompissions	romps rompons	rompant	rompu
Je suffirais N. suffirions	que je suffise que n. suffisions	que je suffisse que n. suffissions	suffis suffisons	suffisant	suffi
Je suivrais N. suivrions	que je suive que n. suivions	que je suivisse que n. suivissions	suis suivons	suivant	suivi
Je tairais N. tairions	que je taise que n. taisions	que je tusse que n. tussions	tais taisons	taisant	tu
Je vaincrais N. vaincrions	que je vainque que n. vainquions	que je vainquisse que n. vainquissions	vaincs vainquons	vainquant	vaincu
Je vivrais N. vivrions	que je vive que n. vivions	que je vécusse que n. vécussions	vis vivons	vivant	vécu

VII. Verbes en -oir

Infinitif	Indicatif			
Présent	Présent	Imparfait	Passé simple	Futur
asseoir	voir p. 119			
devoir	Je dois, n. devons Ils doivent	Je devais N. devions	Je dus N. dûmes	Je devrai N. devrons
mouvoir	Je meus N. mouvons Ils meuvent	Je mouvais N. mouvions	Je mus N. mûmes	Je mouvrai N. mouvrons
pourvoir	Je pourvois N. pourvoyons	Je pourvoyais N. pourvoyions	Je pourvus N. pourvûmes	Je pourvoirai N. pourvoirons
pouvoir	Je peux ou je puis, Tu peux, il peut, N. pouvons, Ils peuvent	Je pouvais N. pouvions	Je pus N. pûmes	Je pourrai N. pourrons
prévaloir	Je prévaux N. prévalons	Je prévalais N. prévalions	Je prévalus N. prévalûmes	Je prévaudrai N. prévaudrons
prévoir	Je prévois N. prévoyons	Je prévoyais N. prévoyions	Je prévis N. prévîmes	Je prévoirai N. prévoirons
recevoir	Je reçois N. recevons	Je recevais N. recevions	Je reçus N. reçûmes	Je recevrai N. recevrons
savoir	Je sais N. savons	Je savais N. savions	Je sus N. sûmes	Je saurai N. saurons
surseoir	Je sursois N. sursoyons	Je sursoyais N. sursoyions	Je sursis N. sursîmes	Je surseoirai N. surseoirons
valoir	Je vaux N. valons	Je valais N. valions	Je valus N. valûmes	Je vaudrai N. vaudrons
voir	Je vois N. voyons Ils voient	Je voyais N. voyions	Je vis N. vîmes	Je verrai N. verrons
vouloir	Je veux N. voulons Ils veulent	Je voulais N. voulions	Je voulus N. voulûmes	Je voudrai N. voudrons

Verbes en -oir (suite)

Conditionnel	Subjonctif		Impératif	Participe	
Présent	Présent	Imparfait	Présent	Présent	Passé
Je devrais N. devrions	que je doive que n. devions	que je dusse que n. dussions	dois, devons (peu usité)	devant	dû, due dus, dues
Je mouvrais N. mouvrions	que je meuve que n. mouvions	que je musse que n. mussions (peu usité)	meus mouvons (peu usité)	mouvant	mû, mue mus, mues
Je pourvoirais N. pourvoirions	que je pourvoie que n. pourvoyions	que je pourvusse que n. pourvussions	pourvois pourvoyons	pourvoyant	pourvu
Je pourrais N. pourrions	que je puisse que n. puissions	que je pusse que n. pussions	(inusité)	pouvant	pu
Je prévaudrais N. prévaudrions	que je prévale que tu prévales que n. prévalions qu'ils prévalent	que je prévalusse que n. prévalussions	(peu usité)	prévalant	prévalu
Je prévoirais N. prévoirions	que je prévoie que n. prévoyions	que je prévisse que n. prévissions	prévois prévoyons	prévoyant	prévu
Je recevrais N. recevrions	que je reçoive que n. recevions	que je reçusse que n. reçussions	reçois recevons	recevant	reçu
Je saurais N. saurions	que je sache que n. sachions	que je susse que n. sussions	sache sachons	sachant	su
Je surseoirais N. surseoirions	que je sursoie que n. sursoyions	que je sursisse que n. sursissions	sursois sursoyons	sursoyant	sursis
Je vaudrais N. vaudrions	que je vaille que tu vailles que n. valions qu'ils vaillent	que je valusse que n. valussions	vaux valons (peu usité)	valant	valu
Je verrais N. verrions	que je voie que n. voyions	que je visse que n. vissions	vois voyons	voyant	vu
Je voudrais N. voudrions	que je veuille que n. voulions qu'ils veuillent	que je voulusse que n. voulussions	veux voulons voulez ou veuille veuillons veuillez	voulant	voulu

VIII. Verbes défectifs

Les verbes **défectifs** sont des verbes auxquels certains temps ou certaines personnes font **défaut ; ils sortent peu à peu de l'usage.**

Infinitif	Indicatif			
Présent	Présent	Imparfait	Passé simple	Futur
absoudre	J' absous N. absolvons	J' absolvais N. absolvions		J' absoudrais N. absoudrons
advenir[1]	Il advient Ils adviennent	Il advenait Ils advenaient	Il advint Ils advinrent	Il adviendra Ils adviendront
braire[1]	Il brait Ils braient	Il brayait Ils brayaient (rare)		Il braira Ils brairont
bruire[1]	Il bruit Ils bruissent	Il bruissait Ils bruissaient		
clore	Je clos, tu clos Il clôt			Je clorai Tu ... (rare)
déchoir	Je déchois N. déchoyons Ils déchoient		Je déchus N. déchûmes	Je déchoirai ou Je décherrai (rare)
échoir[1]	Il échoit Ils échoient	Il échoyait (rare)	Il échut Ils échurent	Il échoira Il écherra (rare)
faillir			Je faillis N. faillîmes	Je faillirai N. faillirons
falloir[2]	Il faut	Il fallait	Il fallut	Il faudra
frire[3]	Je fris, tu fris Il frit			Je frirai (rare)
gésir	Je gis, il gît N. gisons, V. gisez	Je gisais N. gisions		
neiger[2]	Il neige	Il neigeait	Il neigea	Il neigera
paître[4]	Je pais, il paît N. paissons	Je paissais N. paissions		Je paîtrai N. paîtrons
pleuvoir[2]	Il pleut	Il pleuvait	Il plut	Il pleuvra
résulter[1]	Il résulte Ils résultent	Il résultait Ils résultaient	Il résulta Ils résultèrent	Il résultera Ils résulteront
traire	Je trais N. trayons Ils traient	Je trayais N. trayions		Je trairai N. trairons
seoir	Il sied Ils siéent	Il seyait Ils seyaient		Il siéra Ils siéront

1. A l'*infinitif* et aux *3e pers.* seulement.
2. *Verbe impersonnel.* A l'*infinitif* et à la *3e pers. du sing.* seulement.
3. **Frire** s'emploie plutôt à l'*infinitif précédé du verbe* faire. Je fais frire, n. faisons frire, je faisais frire ; dans l'emploi intransitif, on lui substitue plutôt *être en train de frire : les poissons étaient en train de frire.*
4. **Paître** n'a pas de part. passé, donc pas de temps composé.

Verbes défectifs (suite)

Conditionnel Présent	Subjonctif Présent	Subjonctif Imparfait	Impératif Présent	Participe Présent	Participe Passé
J' absoudrais N. absoudrions	que j' absolve que n. absolvions		absous absolvez	absolvant	absous absoute
Il adviendrait Ils adviendraient	qu'il advienne qu'ils adviennent	qu'il advînt qu'ils advinssent		advenant	advenu
Il brairait Ils brairaient				brayant	brait
				bruissant	bruit
Je clorais, Tu *(rare)*	que je close			closant *(rare)*	clos
Je déchoirais *ou* Je décherrais *(rare)*	que je déchoie que n. déchoyions	que je déchusse que n. déchussions	déchois déchoyons		déchu
Il échoirait *ou* Il écherrait*(rare)*	qu'il échoie	qu'il échût		échéant	échu
Je faillirais N. faillirions					failli
Il faudrait	qu'il faille	qu'il fallût			fallu
Je frirais *(rare)*			fris *(rare)*		frit
				gisant	
Il neigerait	qu'il neige	qu'il neigeât		neigeant	neigé
Je paîtrais N. paîtrions	que je paisse que n. paissions		pais paissons	paissant	
Il pleuvrait	qu'il pleuve	qu'il plût		pleuvant	plu
Il résulterait Ils résulteraient	qu'il résulte qu'ils résultent	qu'il résultât qu'ils résultassent		résultant	résulté
Je trairais N. trairions	que je traie que n. trayions		trais trayons	trayant	trait
Il siérait Ils siéraient	qu'il siée qu'ils siéent			seyant	sis

IX. Verbes irréguliers ou difficiles.

(Le verbe en italique sert de modèle et figure dans les tableaux de conjugaison.)

abattre	: *battre*	découvrir	: *offrir*	équivaloir	: *valoir*	proscrire	: *écrire*
abstraire	: *traire*	décrire	: *écrire*	éteindre	: *craindre*	provenir	: *venir*
accourir	: *courir*	dédire	: *médire*	étendre	: *rendre*	rabattre	: *battre*
accueillir	: *cueillir*	déduire	: *conduire*	étreindre	: *craindre*	réapparaître	: *connaître*
adjoindre	: *craindre*	défaillir	: *assaillir*	exclure	: *conclure*	reconnaître	: *connaître*
admettre	: *mettre*	défaire	: *faire*	extraire	: *traire*	reconstruire	: *conduire*
apercevoir	: *recevoir*	déjoindre	: *craindre*	feindre	: *craindre*	recoudre	: *coudre*
apparaître	: *connaître*	démentir	: *partir*	fendre	: *rendre*	recourir	: *courir*
appartenir	: *tenir*	démettre	: *mettre*	fondre	: *rendre*	recouvrir	: *offrir*
appendre	: *rendre*	démordre	: *mordre*	geindre	: *craindre*	récrire	: *écrire*
apprendre	: *rendre*	départir	: *partir*	geler	: *neiger*	recroître	: *croître*
asservir	: *finir*	dépeindre	: *craindre*	grêler	: *neiger*	recueillir	: *cueillir*
assortir	: *finir*	dépendre	: *rendre*	impartir	: *finir*	recuire	: *cuire*
astreindre	: *craindre*	déplaire	: *plaire*	inscrire	: *écrire*	redescendre	: *rendre*
atteindre	: *craindre*	désapprendre	: *prendre*	instruire	: *conduire*	redevenir	: *venir*
attendre	: *prendre*	descendre	: *rendre*	interdire	: *médire*	redevoir	: *devoir*
bruiner	: *neiger*	desservir	: *servir*	interrompre	: *rompre*	redire	: *dire*
brumer	: *neiger*	déteindre	: *craindre*	intervenir	: *venir*	réduire	: *conduire*
ceindre	: *craindre*	détendre	: *rendre*	introduire	: *conduire*	refaire	: *faire*
circonscrire	: *écrire*	détenir	: *tenir*	investir	: *finir*	refendre	: *rendre*
circonvenir	: *venir*	détordre	: *rendre*	joindre	: *craindre*	refondre	: *rendre*
combattre	: *battre*	détruire	: *conduire*	maintenir	: *tenir*	rejoindre	: *craindre*
commettre	: *mettre*	devenir	: *venir*	méconnaître	: *connaître*	relire	: *lire*
comparaître	: *connaître*	dévêtir	: *vêtir*	mentir	: *partir*	remettre	: *mettre*
complaire	: *plaire*	disconvenir	: *venir*	messeoir	: *seoir*	remordre	: *rendre*
comprendre	: *prendre*	discourir	: *courir*	mévendre	: *rendre*	rendormir	: *dormir*
compromettre	: *mettre*	disjoindre	: *craindre*	mordre	: *rendre*	renvoyer	: *envoyer*
concevoir	: *recevoir*	disparaître	: *connaître*	obtenir	: *tenir*	repaître	: *connaître*
concourir	: *courir*	dissoudre	: *absoudre*	omettre	: *mettre*	répandre	: *rendre*
condescendre	: *rendre*	distendre	: *rendre*	ouvrir	: *offrir*	reparaître	: *connaître*
confondre	: *rendre*	distraire	: *traire*	paraître	: *connaître*	repartir	: *partir*
conjoindre	: *craindre*	éclore	: *clore*	parcourir	: *courir*	repartir (répondre)	: *partir*
conquérir	: *acquérir*	élire	: *lire*	parvenir	: *venir*	répartir	: *finir*
consentir	: *partir*	émettre	: *mettre*	peindre	: *craindre*	repeindre	: *craindre*
construire	: *conduire*	empreindre	: *craindre*	pendre	: *rendre*	rependre	: *rendre*
contenir	: *tenir*	enceindre	: *craindre*	percevoir	: *recevoir*	reperdre	: *rendre*
contraindre	: *craindre*	enclore	: *clore*	perdre	: *rendre*	répondre	: *rendre*
contredire	: *médire*	encourir	: *courir*	permettre	: *mettre*	reprendre	: *prendre*
contrefaire	: *faire*	endormir	: *dormir*	plaindre	: *craindre*	reproduire	: *conduire*
contrevenir	: *venir*	enduire	: *conduire*	pondre	: *rendre*	requérir	: *acquérir*
convaincre	: *vaincre*	enfreindre	: *craindre*	pourfendre	: *rendre*	ressentir	: *partir*
convenir	: *venir*	entendre	: *rendre*	poursuivre	: *suivre*	resservir	: *servir*
correspondre	: *rendre*	entreprendre	: *prendre*	prédire	: *médire*	ressortir	: *partir*
corrompre	: *rompre*	entretenir	: *tenir*	pressentir	: *partir*	ressortir	: *finir*
couvrir	: *offrir*	entrevoir	: *voir*	prétendre	: *rendre*	*(terme judiciaire)*	
débattre	: *battre*	entrouvrir	: *offrir*	prévenir	: *venir*	restreindre	: *craindre*
décevoir	: *recevoir*	épandre	: *rendre*	produire	: *conduire*	reteindre	: *craindre*
découdre	: *coudre*	empreindre	: *craindre*	promettre	: *mettre*	retendre	: *rendre*

retenir	: *tenir*	se méprendre	: *prendre*	soumettre	: *mettre*	tendre	: *rendre*
retordre	: *vendre*	se morfondre	: *rendre*	sourire	: *rire*	tondre	: *rendre*
revêtir	: *vêtir*	s'enfuir	: *fuir*	souscrire	: *écrire*	tonner	: *neiger*
revendre	: *rendre*	s'enquérir	: *acquérir*	soustraire	: *traire*	tordre	: *rendre*
revivre	: *vivre*	sentir	: *partir*	soutenir	: *tenir*	traduire	: *conduire*
revoir	: *voir*	s'entremettre	: *mettre*	subvenir	: *venir*	transcrire	: *écrire*
rouvrir	: *offrir*	s'éprendre	: *prendre*	surfaire	: *faire*	transmettre	: *mettre*
s'abstenir	: *tenir*	se repentir	: *partir*	surprendre	: *prendre*	transparaître	: *connaître*
satisfaire	: *faire*	se ressouvenir	: *venir*	survenir	: *venir*	travestir	: *finir*
s'ébattre	: *battre*	se souvenir	: *venir*	survivre	: *vivre*	tressaillir	: *assaillir*
secourir	: *courir*	sortir	: *partir*	suspendre	: *rendre*	vendre	: *rendre*
séduire	: *conduire*	souffrir	: *offrir*	teindre	: *craindre*	venter	: *neiger*

X. Verbes irréguliers ayant des particularités
(Le verbe en italique sert de modèle et figure dans les tableaux de conjugaison.)

accroître, *croître,* participe *accru,* sans accent.
circoncire, *suffire,* participe *circoncis* en s.
décroître, *croître,* participe *décru,* sans accent.
émouvoir, *mouvoir,* participe *ému,* sans accent.
fleurir, fait *florissait, florissant,* au sens figuré.
forfaire, *faire,* usité à l'infinitif et temps composés.
importer, *neiger,* impersonnel dans le sens d'*être important.*

luire, *conduire,* passé simple et imparfait du subj. très rares.
parfaire, *faire,* usité à l'infinitif et temps composés.
promouvoir, *mouvoir,* usité à l'infinitif, aux participes : *promouvant, promu* et aux temps composés.
reluire, *luire.*
renaître, *naître,* mais pas de participe passé, pas de temps composés.
revaloir, *valoir,* usité au futur, au conditionnel.

saillir, dans le sens de *sortir, jaillir* ou *couvrir une femelle* se conjuguent comme *finir.*
saillir, dans le sens d'*être en saillie, s'avancer audehors, déborder,* se conjugue comme *cueillir.* S'emploie à l'infinitif et aux 3e personnes seulement (rare).
s'agir, *finir,* impersonnel.
s'ensuivre, *suivre,* à l'infinitif et aux 3e personnes de chaque temps.

XI. Verbes défectifs peu usités
(Employés seulement aux temps indiqués et dans des formes figées.)

accroire, à l'infinitif.
apparoir, dans : *il appert = il est évident.*
bayer, dans : *bayer aux corneilles.*
bienvenir, à l'infinitif et au part. adj. *bienvenu.*
chaloir, dans : *peu me chaut = peu m'importe.*
choir (tomber), à l'infinitif, au part, *chu,* fut. *cherra.*
déclore, à l'infinitif.
déconfire, au participe *déconfit.*
écloper, au part, *éclopé.*
émoudre, au participe : *émoulu.*

ester : *ester en justice.*
férir (frapper), dans : *sans coup férir,* au participe : *féru. Être féru d'histoire.*
forclore, à l'infinitif, au participe *forclos = ayant perdu ses droits.*
imboire, au participe *imbu =pénétré de.*
inclure, à l'infinitif et au participe *inclus.*
issir, au participe *issu, issu d'une famille...*
mécroire, à l'infinitif.
oindre, au futur *oindra,* à l'impératif : *oignez,* au participe : *oint.*

ouïr, à l'infinitif et dans *ouï-dire.*
perclure, part, *perclus.*
poindre, dans : *le jour point, poindra.*
quérir, à l'infinitif.
ravoir, à l'infinitif.
reclure, à l'infinitif, au participe *reclus.*
sourdre, à l'infinitif et dans l'*eau sourd.*
tistre (tisser) au participe *tissu. Une vie tissue de joies.*
transir dans par ex. : *la pluie me transit ; je suis, tu es transi...*

TROISIÈME PARTIE

ORTHOGRAPHE D'USAGE

CHAPITRE 1

DIFFICULTÉS DES SYLLABES INITIALES

I. Les préfixes in-, dés-, en-, re-...

● Pour bien écrire un **mot composé** dans lequel entre un **préfixe** comme *in, dés, en, re,* **il faut penser au mot simple ou au radical :**

▶ Les branches croisées des chênes formaient un ciel **inaccessible**.

(A. DAUDET.)

● *inaccessible,* formé du mot simple *accessible* et du préfixe *in,* s'écrit avec **une n.**

▶ L'amour du passé est **inné** chez l'homme. (A. FRANCE.)

● *inné,* formé du mot simple *né* et du préfixe *in,* s'écrit avec **deux n.**

▶ Il régnait là, durant l'été, une fraîcheur qui m'**enivrait**. (F. CARCO.)

● *s'enivrer,* formé du mot simple *ivre* et du préfixe *en,* s'écrit avec **une n.**

▶ Les peupliers semblaient **s'ennuager** de jeunes feuilles. (M. GENEVOIX.)

● *s'ennuager,* formé du mot simple *nuage* et du préfixe *en,* s'écrit avec **deux n.**

▶ Depuis deux ans qu'elle **déshabillait** sa poupée et la **rhabillait**, la tête s'était écorchée. (E. ZOLA.)

● *déshabiller* et *rhabiller,* formés du mot simple *habiller* et du préfixe *dés* et *r (re),* s'écrivent avec **une h.**

● Pour le redoublement des consonnes dans les préfixes, cf. p. 150.
● Pour le son « s » après le préfixe **re**, cf. p. 147.

II. Mots commençant par une « h » muette

● **L'h muette** veut l'apostrophe de l'article **le, la** (**l'**) au singulier : la liaison avec une consonne finale qui précède lorsque cette liaison est usuelle et se ferait s'il y avait une voyelle à la place de l'**h** :

▶ L'habit, les (-s-)habits ; l'hémorragie, une (u-n-é) hémorragie ; trois (-s-) hélicoptères ; un grand (-t-è) hexagone.

Les mots suivants ont une **h** muette :

habitat	hélianthe	héréditaire	histrion	hostilité	harmonica
haleine	hélicon	hérétique	hiverner	humanité	harmonium
hallali	héliotrope	hermétique	holocauste	humble	hebdomadaire
haltère	hélium	héroïne	hommage	humecter	héliogravure
hameçon	helléniste	hétérogène	honneur	humidité	hétéroclite
héberger	hémicycle	hibernant	horoscope	humilier	hiéroglyphe
hébétude	hémiplégie	hiérarchie	horreur	humus	hippopotame
hécatombe	hémisphère	hiératique	horripiler	hymne	hippocampe
hégémonie	hémistiche	hilarité	hortensia	hagiographe	hippodrome
hégire	heptagone	hirsute	hospice	hallucination	horticulteur

● On trouve aussi l'h muette à la fin de certains mots comme dans :

▶ auroch, feldspath, fellah, mammouth, surah, poussah, varech, almanach, krach, loch, Zurich, St-Roch.

● **L'h aspirée** exige l'emploi de **le** ou de **la** au singulier et empêche toute liaison :

▶ le-hanneton, les-hannetons ; un-hangar, des-hangars.

▶ la-harpie, les-harpies ; une-hache, des-haches.

CHAPITRE 2

ORTHOGRAPHE DES SYLLABES FINALES

I. Noms en -eur

▶ Le dompt**eur**, l'ascens**eur**, la liqu**eur**, la splend**eur**.

Les noms dont la syllabe finale se prononce **eur** s'écrivent **e.u.r.** sauf le **beurre**, la **demeure**, l'**heure**, un **leurre**, un **heurt** *(heurter)*.

▶ frayeur	candeur	vigueur	ampleur	noirceur	rancœur
hideur	odeur	rigueur	horreur	sœur	chœur
ardeur	langueur	humeur	minceur	cœur	mœurs

II. Noms en -eau, -au, -aud, -aut, -aux

▶ Le faisc**eau**, le land**au**, le crap**aud**, le gerf**aut**, la f**aux**.

La plupart des noms terminés par le son **o** s'écrivent **e.a.u.**
Quelques-uns se terminent par **a.u., a.u.d., a.u.t., a.u.x.**
Lorsque **a.u.** final est suivi d'une **consonne, il ne prend jamais de e** :

▶ crap**aud**, levr**aut**, t**aux**.

▶ lambeau	meneau	jouvenceau	fabliau	gruau	artichaut
ormeau	oripeau	rinceau	sarrau	joyau	héraut
cerneau	appeau	vermisseau	fléau	levraut	chaux

III. Noms en -ot, -oc, -op, -os, -o

▶ Le cah**ot**, le br**oc**, le gal**op**, le hér**os**, l'éch**o**.

Un certain nombre de noms dont la syllabe finale se prononce **o** se terminent par **o.t, o.c, o.p, o.s.** Il est **souvent** facile de trouver la **terminaison** convenable à l'aide d'un mot de la **même famille** :
cahot *(cahoter)*.

Quelques noms terminés par le son **o** s'écrivent **o** : **halo**.

▶ chariot	ergot	hublot	clos	caraco	brasero
calicot	javelot	pavot	cacao	indigo	lasso
manchot	cachalot	loriot	siroco	cargo	mémento

IV. Noms en -ail, -eil, -euil, et en -aille, -eille, -euille

▶ Le berc**ail**, le mét**eil**, le bouvr**euil**, l'accu**eil**.
La ferr**aille**, la corn**eille**, la f**euille**, l'org**ueil**.

Les noms **masculins** en **ail, eil, euil,** se terminent par une **l** et les noms **féminins** par **ll.e**.

Remarque
Chèvrefeuille, portefeuille, millefeuille, mots masculins formés de **feuille**, s'écrivent **ll.e**, mais il faut écrire **cerfeuil**.
On écrit **ueil** pour **euil** derrière un **g** ou un **c**.

▶ émail	appareil	seuil	œil	volaille	corbeille
éventail	orteil	treuil	écueil	broussaille	oseille
épouvantail	éveil	chevreuil	recueil	sonnaille	treille

V. Noms en -et, -ai, -aie

▶ Le cabriol**et**, le pamphl**et**, l'ét**ai**, la m**aie**, l'orfr**aie**.

Les noms dont la finale se prononce **è** se terminent généralement, s'ils sont **masculins**, par **e.t** et s'ils sont **féminins** par **a.i.e** sauf la **paix** et la **forêt**.

▶ beignet	archet	bracelet	sansonnet	laie
alphabet	muguet	corselet	ticket	plaie
guichet	budget	gantelet	jarret	raie
hochet	bourrelet	flageolet	filet	taie

Remarques
1. Les noms masculins en **è** qui appartiennent à la famille d'un verbe en **a.y.e.r** s'écrivent **a.i** :

▶ étai *(étayer)*.

2. Certains noms féminins en **a.i.e** désignent un lieu planté d'arbres d'une même espèce :

▶ une olivaie.

3. On notera les **exceptions** pour les noms **masculins** :

▶ mets	abcès	portrait	dais	quai
legs	aspect	relais	faix	jockey
cyprès	souhait	marais	geai	poney

VI. Noms en -oir et en -oire

▶ Le compt**oir**, l'abreuv**oir**, la balanç**oire**, la bouill**oire**.

Les noms **masculins** en **oir** se terminent généralement par **o.i.r**. Les noms **féminins** s'écrivent **toujours o.i.r.e**.

peignoir	loir	dressoir	encensoir	mâchoire	périssoire
boudoir	manoir	ostensoir	boutoir	moire	écritoire
bougeoir	terroir	reposoir	ébauchoir	mémoire	trajectoire

Exceptions : noms masculins en oire.

ciboire	grimoire	prétoire	conservatoire	réquisitoire	répertoire
déboire	infusoire	oratoire	accessoire	promontoire	laboratoire
ivoire	auditoire	réfectoire	observatoire	interrogatoire	territoire

VII. Noms masculins en -er, -é, -ée

▶ Le coucher, le quartier, le prieuré, l'invité, le scarabée.

Les noms **masculins** dont la finale se prononce **é** s'écrivent le plus souvent **e.r**.
Certains, notamment ceux qui sont des **participes passés substantifs**, s'écrivent **-é** : un **blessé**.

maraîcher	palefrenier	marguillier	goûter	cliché	canapé
créancier	scaphandrier	groseillier	dîner	scellé	fourré
hallebardier	perruquier	cognassier	baudrier	défilé	beaupré
taillandier	luthier	bûcher	hallier	gué	liséré
geôlier	joaillier	rucher	guêpier	autodafé	fossé
cellier	quincaillier	déjeuner	sanglier	henné	chimpanzé

Quelques-uns s'écrivent **-ée**.

scarabée	lycée	hypogée	pygmée	athénée	empyrée
gynécée	périgée	mausolée	hyménée	trophée	musée
caducée	apogée	camée	prytanée	coryphée	athée

VIII. Noms féminins en -ée et -é

▶ Une azalée, une orchidée, une panerée, une simagrée.

Les noms **féminins** dont la finale se prononce **é** et qui ne se terminent pas par la syllabe **té** ou **tié** s'écrivent **-é.e** :

saignée	flambée	embardée	équipée	pharmacopée	fricassée
huée	tombée	randonnée	lampée	onomatopée	pincée
ruée	chevauchée	traînée	centaurée	denrée	odyssée
enjambée	jonchée	mosquée	échauffourée	orée	chaussée

Exceptions :

▶ psyché, acné, clé.

• **Clé** s'écrit aussi **clef**. En **vieux français**, on écrivait **une clef, des clés**.

IX. Noms féminins en -té ou en -tié

▶ La cité, l'anfractuosité, la diaphanéité, la pitié.

Les noms **féminins** en **-té** ou en **-tié** s'écrivent plutôt é sauf :

1. les noms exprimant le **contenu** d'une chose :

▶ La charretée *(contenu de la charrette)*.

2. les noms **usuels suivants** :

▶ La butée, la dictée, la jetée, la montée, la pâtée, la portée.

étanchéité	promiscuité	velléité	magnanimité	célérité	hérédité
instantanéité	acuité	fatuité	proximité	aspérité	humilité
spontanéité	ébriété	partialité	pusillanimité	dextérité	inimitié
simultanéité	satiété	aménité	longanimité	sagacité	amitié
homogénéité	anxiété	solennité	indemnité	primauté	moitié

X. Noms en -i

▶ La bonhomie, la prophétie, l'ortie, la zizanie.

Parmi les noms dont la finale se prononce **i** :

1. Les noms **féminins** en i s'écrivent **-i.e** :

encyclopédie	tyrannie	intempérie	théorie	calvitie	autopsie
stratégie	hégémonie	sorcellerie	phtisie	argutie	hypocrisie
effigie	parcimonie	bizarrerie	facétie	éclaircie	sympathie
léthargie	insomnie	orfèvrerie	péripétie	apoplexie	antipathie
physionomie	myopie	forfanterie	suprématie	asphyxie	dynastie

Exceptions : souris, brebis, perdrix, fourmi, nuit.

● **Merci,** masculin ou féminin s'écrit **i** :

▶ Merci, un grand merci — à merci, à la merci, aucune merci *(grâce)*.

● On écrira **à l'envi** (en rivalisant). Cette expression n'a rien à voir avec *envie*.

2. Les noms **masculins** s'écrivent :

a/ **i**, assez rarement :

▶ abri, favori, ennui.

Il s'agit souvent de mots empruntés à l'italien (cf. p. 23) :

▶ macaroni.

b/ **y**, dans des mots empruntés à l'anglais :

▶ baby, tilbury.

c/ parfois **ie** ;

▶ gén**ie**, cool**ie**, sos**ie**, incend**ie**, parapl**uie**, amphib**ie**.

d/ ou **is** :

▶ croqu**is**, parv**is**, maqu**is**, *etc.* ; **ix** : pr**ix**, crucif**ix** ;

e/ **it** :

▶ prof**it**, espr**it**.

f/ **il** :

▶ fus**il**, pers**il**.

XI. Noms en -u

Parmi les noms dont la finale se prononce **u** :

1. Les noms **féminins** s'écrivent **-u.e** :

▶ mue	verrue	issue	sangsue	ciguë
cornue	grue	bévue	cohue	battue

Exceptions :

▶ **bru**, **glu**, **tribu** et **vertu**.

2. Les noms **masculins** s'écrivent parfois **u**, mais, souvent, le **u** est suivi d'une **lettre consonne non prononcée**.

▶ tissu   talus   flux   fichu   jus   bahut

XII. Noms en -ure et en -ule

▶ la ray**ure**, le merc**ure**, la mandib**ule**, le véhic**ule**.

1. Les noms en **ure** s'écrivent **-u.r.e**, sauf :

▶ mur, fémur, azur, futur.

2. Les noms en **ule** s'écrivent **u.l.e,** sauf :

▶ calcul, recul, consul ;

▶ hure   envergure   miniature   pédicure   campanule   tentacule
   piqûre   gageure   sculpture   augure   renoncule   opuscule

● *bulle* et *tulle* s'écrivent avec **deux** l.

XIII. Noms en -ou

Parmi les noms dont la syllabe finale se prononce **ou** :

1. Les noms **féminins** s'écrivent **-o.u.e** :

▶ la h**oue**, la pr**oue**, la b**oue**, la m**oue**.

Exception

▶ la t**oux**.

2. Les noms **masculins** se terminent parfois par **-o.u**, mais souvent **-ou** est suivi d'une lettre consonne non prononcée :

▶ le sapaj**ou**, le bini**ou**, l'ég**out**, le g**oût**.

▶ acaj**ou**   courr**oux**   caoutch**ouc**   rag**oût**   l**oup**
   bamb**ou**   rem**ous**   m**oût**   j**oug**   p**ouls**

XIV. Noms en -oi

Parmi les noms dont la syllabe finale se prononce **oi** (wa) :

1. Beaucoup de noms **féminins** s'écrivent **-o.i.e** :

▶ courr**oie**, j**oie**, lampr**oie**, **oie**, pr**oie**, s**oie**, *etc.*

● Mais on écrit :

▶ la f**oi**, la par**oi**, la l**oi**.

● Certains noms **féminins** s'écrivent **oi** suivi d'une **lettre consonne non prononcée** :

▶ la p**oix**, la n**oix**.

2. Les noms **masculins** s'écrivent souvent **o.i**, mais, parfois, suivent une ou deux **lettres consonnes non prononcées** :

▶ ém**oi**   désarr**oi**   effr**oi**   anch**ois**   put**ois**   b**ois**
   tourn**oi**   beffr**oi**   charr**oi**   p**oids**   f**oie**   d**oigt**

● Attention, on écrit le **foie** avec un **e.**

CHAPITRE 3

LES CONSONNES FINALES

I. Lettres finales non prononcées

1. Beaucoup de **lettres consonnes finales** ne se prononcent pas. Elles correspondent à une consonne qui ne se prononce plus alors qu'on la prononçait jadis, ou ont été ajoutées par souci d'étymologie. Quand on hésite sur cette lettre, on peut la découvrir en formant le **féminin**, si c'est possible, ou en cherchant un **dérivé du nom**. On écrira ainsi :

► **badaud**, *à cause de* **badauder**, *ou de* **badaude** ;

► **coing**, *d'après* **cognassier** ;

► **seing**, *d'après* **signer** ;

► **saint**, *d'après* **sainteté** ;

► **tribut**, *d'après* **tributaire**, *etc.*

En appliquant cette méthode, on justifiera la lettre finale des mots suivants :

► flux	bahut	fût	affût	chalut	substitut
bout	ragoût	crédit	coût	dégoût	égout
bruit	sourcil	délit	esprit	vernis	apprenti
persil	baril	dépit	profit	lambris	fusil

2. **Noms singuliers terminés par « s » ou « x »**

► Un rubi**s**, un met**s**, un talu**s**, du velour**s**, un portefai**x**.

► brebis	croquis	coutelas	canevas	puits	parcours
glacis	panaris	chasselas	dais	héros	concours
taudis	châssis	cervelas	jais	chaos	discours
paradis	cailloutis	lilas	palais	remords	crucifix
salsifis	pâtis	verglas	relais	pois	perdrix
torticolis	pilotis	glas	harnais	poids	faix
mâchicoulis	chènevis	frimas	laquais	putois	faux
treillis	parvis	fatras	marais	remous	taux
torchis	surplis	plâtras	cyprès	jus	croix
anis	cambouis	taffetas	décès	tiers	poix
maquis	cabas	galetas	legs	cours	houx

II. Lettres finales prononcées

Quand la consonne finale est prononcée, il n'y a aucune difficulté. On écrit facilement :

▶ sec, net, nul, *etc.*

1. Le **s** final se prononce dans certains mots, par exemple :

▶ ibis	maïs	omnibus	hiatus
lis	tamaris	humus	lapsus
volubilis	oasis	typhus	cactus
amaryllis	cassis	angélus	rictus
tennis	myosotis	chorus	lotus
iris	vis	virus	prospectus
	tournevis	papyrus	eucalyptus

2. Le **r** final, lorsqu'il se prononce, donne au **e** qui le précède le son **è** ouvert.
Mais cet **e** ne prend pas d'accent. On ne confondra pas la finale **e.r** prononcée « **è.r** » avec la finale **è.r.e** qui a la même prononciation.
Si on peut écrire :

▶ la cuill**er** *ou* la cuill**ère**,

on ne confondra pas :

▶ la m**er** *et* la m**ère** ; le magist**er** *et* le magist**ère**.

3. Les nasales **m** et **n** se prononcent parfois à la finale.
C'est le cas notamment :

a/ pour **n** précédé de **e** dans certains mots savants : on entend alors les sons **è.n**, mais on écrit **e.n** et non **è.n.e.**

▶ abdomen	gluten	lichen	dolmen
cyclamen	hymen	pollen	spécimen

b/ pour **m** précédé de **u** dans certains mots venant souvent du latin. On entend alors le son **om** (comme si l'on entendait « homme »). Mais on écrit **u.m** et non **o.m.e.**

▶ album	radium	maximum	rhum	critérium
muséum	podium	capharnaüm	arum	sanatorium
vade-mecum	linoléum	harmonium	aérium	sérum
référendum	vélum	géranium	forum	erratum
mémorandum	hélium	aluminium	décorum	factotum
palladium	minimum	opium	aquarium	post-scriptum

CHAPITRE 4

UNE ORTHOGRAPHE DIFFÉRENTE POUR LES MÊMES SONS

Nous avons déjà vu, à propos des finales dans lesquelles on entend un son vocalique, que **le même son** se note, par écrit, grâce à des **lettres différentes** et n'a pas toujours la même orthographe (cf. chap. 2).
Cela se produit pour beaucoup d'autres sons de notre langue. Avant donc d'écrire un mot qui vous paraît difficile, prononcez-le mentalement et pensez aux orthographes différentes qui peuvent rendre le même son. Voici quelques cas difficiles.

I. Orthographe des voyelles nasalisées

Si l'on veut orthographier les voyelles nasales se prononçant **in, an, on** et **un**, on constate qu'il faut plusieurs lettres pour les noter : une **lettre consonne** nasale **n** ou **m**, une ou plusieurs **lettres voyelles.**

1. Choix de la lettre consonne : n ou m ?

a/ devant **m, b, p,** il faut écrire **m** au lieu de **n** :

▶ Emmêler, déambuler, gambade, pampre, ombre, impossible.

emmailloter	déambuler	ombre	camphre	nymphe	symphonie
emmancher	ambulance	gambade	humble	pamphlet	symptôme
emmitoufler	embarras	ingambe	crampon	pompon	triomphe
emmêler	embryon	symbole	hampe	sympathie	impossible

Exceptions

▶ bonbon, bonbonne, bonbonnière, embonpoint, néanmoins.

b/ dans tous les autres cas on écrit **n** :

▶ brin, indocile, an, hanter, enfant, on, onde, brun ;

c/ toutefois, à la finale, **m** remplace **n**, pour des raisons étymologiques, dans quelques mots comme :

▶ thym, essaim, parfum.

2. *Choix des lettres voyelles devant n (ou m)*

a/ pour orthographier le son **in,** on écrit, selon les cas :

- **i,** que remplace parfois **y** dans des mots savants :

    ▶ imbécile, indécent ; sympathie, syncope ;

- **ai :** ▶ ainsi, main, sain, saint ;

- **ei :** ▶ plein, dessein, sein, seing (= *signature*) ;

- **e,** après **i :** ▶ bien, chien, sien ;

ou dans des mots étrangers comme : vendetta.

b/ pour orthographier le son **an,** on écrit selon les cas :

- **a :** ▶ ange, ambidextre, constant ;

- **e :** ▶ déclencher, empire, prudent ;

cela permet de distinguer, par l'orthographe, **le participe présent,** toujours en **-ant,** de certains adjectifs verbaux écrits en **-ent** :

    ▶ Du lierre adhérant au mur. Les membres adhérents d'un parti.

c/ pour orthographier le son **on,** on écrit **o :**

    ▶ oncle, plomb.

- On notera l'exception :

    ▶ lumbago (*prononcé* **lon**).

d/ pour orthographier le son **un,** on écrit **u :**

    ▶ brun.

- On notera l'orthographe :

    ▶ à jeun.

- **jungle** s'écrit toujours ainsi, bien qu'on prononce *un* ou *on*.

e/ on ne double jamais la consonne qui s'appuie sur une voyelle nasale :

    ▶ anse, mince, gonfle (voir p. 101).

II. Orthographe du son « yeu » entre voyelles : « ill » ou « y » ?

Le son **yeu,** qu'on appelle *yod,* et qu'on entend dans *yeux,* s'orthographie, entre voyelles, tantôt **ill,** tantôt **y.**

1. On écrit **(i)ll**, lorsque le son de la voyelle qui précède n'est pas modifié et que celle-ci continue à se prononcer comme elle est écrite :

▶ **railler** *(ra-iller) ;* **mouiller** *(mou-iller) ;* **égailler** *(éga-iller).*

▶ bâillon saillant crémaillère maillon paillette écailler
   haillon paillasson brailler paillon poulailler piailler

2. On écrit **y**, lorsque le son de la voyelle qui précède ne garde plus le son correspondant à sa graphie, mais prend **un son correspondant à cette graphie + i,** c'est-à-dire que l'y se partage en deux **i** :

▶ rayer *(rai-ier),* rayure *(rai-iure),* égayer *(égai-ier),* envoyer *(envoi-ier).*

▶ clayon plaidoyer layette frayeur
   balayure mitoyen noyade métayer
   écuyer moyen voyelle mareyeur

Remarques
1. On notera quelques exceptions, pour des mots d'origine étrangère, comme : *bayadère, cacaoyer,* orthographiés avec **y**, mais prononcés sans modification du son de la voyelle précédente, prononcée **a** (et non **ai**), **o** (et non **oi**).

2. Pratiquement, il n'y a jamais de **i** après **y** sauf dans *essayiste,* et dans les verbes (cf. 3ᵉ), à l'imparfait de l'indicatif et au présent du subjonctif, dans les désinences **-ions, -iez.**

3. i est aussi très rare après **ill**. Il ne faut pas toutefois l'oublier :
a/ dans des mots où **ll** se prononce « l » (et non « yeu ») :

▶ millier, million, milliard, billion, trillion, quadrillion, quintillion.

b/ dans le suffixe **-ier,** après **ill** prononcée « yeu » :

▶ aiguillier, éventaillier, groseillier, joaillier, marguillier, médaillier, quincaillier.

c/ dans les désinences **-ions, -iez,** à l'imparfait de l'indicatif et au présent du subjonctif des verbes en **-ill** et en **-y** :

▶ Je cueillais, nous cueillions,
   que je cueille, que nous cueillions, que vous cueilliez ;

▶ J'essuyais, nous essuyions,
   que j'essuie, que nous essuyions, que vous essuyiez.

III. Le son « k »

Ce son, qu'on entend deux fois dans *coq,* a des orthographes différentes.

1. En finale prononcée, on l'écrit selon les cas :

a/ **c :** ▶ bloc ;

b/ **q :** ▶ co**q** ;

c/ **que :** ▶ co**que** ;

d/ **ck** ou **ch** dans des mots d'origine étrangère :

▶ five o'clo**ck**, lo**ch**, sto**ck** ;

2. On l'écrit **qu** devant une voyelle :

a/ conformément à l'étymologie :

▶ **qu**alité, **qu**atre, **qu**erelle, **qu**iétude, **qu**otidien, piq**û**re.

b/ ou pour maintenir le son « **k** », devant **e** ou **i**, alors qu'un **c** se prononcerait « **s** » :

▶ **qu**eue, trafi**qu**er.

3. On l'écrit aussi **c** devant **a, ai, o, oi, u, l, r** :

▶ **c**arte, **c**aisse, **c**ode, **c**oiffé, **c**uré, **cl**oche, **cr**aindre.

4. Dans des mots savants ou d'origine étrangère, on peut l'écrire selon les cas :

a/ **k :** ▶ **k**aléidoscope, **k**ermesse, **k**ilomètre, **k**yste, **k**laxon, **k**rach.

b/ **ck :** ▶ ti**ck**et, ni**ck**el ;

c/ **ch :** ▶ **ch**aos, bac**ch**ante (*avec deux* c, *selon l'étymologie*),
ar**ch**éologue, **ch**iromancie, psy**ch**ose, **ch**lore, **ch**rétien, fu**ch**sia.

5. On notera l'orthographe des mots suivants :

▶ Le reli**qu**aire, le **ch**rysanthème, auto**ch**tone, le jo**ck**ey.

▶ quadrille	carquois	quiproquo	chronologie	fuchsia	kimono
quantième	coloquinte	chaos	chronomètre	orchestre	kiosque
quémandeur	éloquence	choléra	chrysalide	orchidée	kirsch
quinquet	équarrir	chœur	archaïque	kabyle	klaxon
quinte	laquais	chorale	archange	kangourou	ankylose
aqueux	maroquin	chorus	archéologue	kaolin	nickel
antiquaire	narquois	chlore	ecchymose	kermesse	ticket

IV. Le son « g »

1. Ce son, qu'on entend deux fois dans *gag*, s'écrit normalement **g** :

▶ **g**ar**g**ouille, **g**ai, **g**orille, **g**oitre, **g**ourde, au**g**ure, **g**rand, **gl**auque, *etc.*

2. Mais, devant **e, eu, i,** il faut écrire **gu** pour maintenir le son dur « **g** », et éviter la prononciation normale de la lettre **g** dans cette position (qui est « **j** » comme dans *agile, âgé, chargeur*). On écrira donc :

▶ guerre, orgueil, gueule, guignon.

• On notera que dans *gageure* (prononcer « gajur »), *geai* (prononcer « j'ai »), *geôlier, geôle* (prononcer « jo ») le **e** intercalé après **g** répond à une intention contraire, celle de maintenir le son « **j** » devant **ai, u** et **o,** position dans laquelle la lettre **g** correspond normalement au son « **g** ».

3. Devant **e** ou **i,** dans certains mots étrangers, au lieu de **gu,** on écrit **gh,** dans la même intention qu'en 2 :

▶ ghetto, Borghese, Enghien, etc.

V. Faut-il écrire « c » ou « qu »? « g » ou « gu »?

▶ Le fabri**c**ant, la fabri**qu**e, la ru**g**osité, l'écorce ru**gu**euse.

D'après ce que nous avons dit en IV - 2, il ne devrait pas y avoir d'hésitation entre **g** ou **gu.** Mais nous avons vu en III - 2 et 3 qu'il peut y en avoir entre **c** ou **qu** dans certains cas.

Pratiquement on notera bien ceci :

1. Les verbes en **-guer** et en **-quer** conservent l'**u** dans toute leur conjugaison, pour avoir toujours le même radical :

▶ Nous vo**gu**ons, il vo**gu**ait, nous fabri**qu**ons, il fabri**qu**a.

2. Dans les autres mots :

a/ Devant **e** et **i,** on écrit seulement **u** si le **g** doit être dur :

▶ gue**n**on, guitare.

b/ Devant **a** et **o,** on écrit plutôt **g** ou **c** que **gu** ou **qu.**
Le participe présent forme verbale a donc un **u,** alors que le même mot nom ou adjectif n'en a pas.

▶ intri**gu**ant *(participe présent),* un intri**g**ant *(nom),* un homme intri**g**ant *(adjectif)* ;
fati**gu**ant *(participe présent),* une marche fati**g**ante *(adjectif).*

▶ débarcadère	éducation	langage	flocon
convocation	embarcation	cargaison	pacotille
dislocation	suffocation	divagation	picoter
indication	embuscade	prodigalité	dragon
praticable	démarcation	infatigable	gondole
			ligoter

Quelques exceptions

▶ quartier	piquant	attaquable	quotidien
clinquant	trafiquant	remarquable	liquoreux
choquant	croquant	critiquable	reliquaire

3. On remarquera :

• A côté de l'orthographe **-caire**, la plus fréquente, bibliothé**caire**, apothi**caire**, etc., la graphie **qu**, maintenue dans :

▶ anti**qu**aire, anti**qu**aille, dis**qu**aire, mousti**qu**aire, reli**qu**aire.

• *Praticable*, à côté de nombreux adjectifs en **-quable** :

▶ criti**qu**able, remar**qu**able, *etc.*

VI. Le son « f »

Il s'écrit en général **f**.

• Mais attention : dans des mots savants venus du grec, il s'écrit **ph.**

▶ asphalte	nénuphar	phlox	triomphe
asphyxie	œsophage	phonétique	typhon
atrophie	orphelin	phosphore	autographe
bibliophile	pamphlet	physionomie	épitaphe
blasphème	périphérie	porphyre	ethnographe
camphre	phalange	prophète	typographe
dauphin	phalène	raphia	emphase
diaphane	pharaon	saphir	aphone
diaphragme	pharynx	sarcophage	microphone
diphtérie	phénix	scaphandre	atmosphère
éphémère	phénomène	sémaphore	hémisphère
euphonie	philanthrope	amphore	strophe
graphite	philatéliste	symphonie	catastrophe
			apostrophe
			philosophe

VII. Le son « s »

C'est le son que l'on entend trois fois dans *saucisse.*

1. On écrit normalement

a/ **s** à l'initiale ou devant ou après consonne :

▶ **s**avoir, **s**erre, **s**ire, **s**ot, **s**ur, e**s**poir, e**s**calier, **s**clérose, catalep**s**ie.

b/ **ss** entre voyelles :

▶ bra**ss**e, fe**ss**e, hi**ss**e, bo**ss**e, eu**ss**e, *etc.*

● On notera l'orthographe de *soixante* (prononcé **-ssan-**) et de *vraisemblable, vraisemblance* (prononcés **-ssan-**), avec un seul **s** (= *semblable au vrai*) ; de *dysenterie* (**-ssan-**), formé du préfixe **dys-** *(mauvais)* + **enteria** (en grec, *entrailles*), de *asymétrie, parasol, tournesol,* etc.

● Après le préfixe **re**, on met, devant la voyelle, **tantôt deux s** pour préserver la prononciation **s** (et ne pas prononcer « **z** »), **tantôt un seul** pour rester fidèle à l'étymologie (la prononciation est toujours **s**).

▶ re**ss**aisir, re**ss**auter, re**ss**entir, re**ss**embler, re**ss**errer, re**ss**ervir, re**s**écher, re**s**urgir, ré**s**ipiscence, re**s**onner *(sonner à nouveau).*

2. Mais attention !

a/ Dans certains mots savants, à l'initiale ou entre voyelles, devant **e** (même non prononcé) et **i**, on a conservé, pour le son « **s** », l'orthographe latine **sc** :

▶ Phosphore**sc**ent, ressu**sc**iter, **sc**iemment, su**sc**eptible

▶
sceau	science	ascension	fascicule	acquiescer	incandescent
scélérat	scier	crescendo	fasciner	adolescent	inflorescence
sceller	scission	desceller	irascible	condescendre	recrudescence
scénario	scion	discerner	osciller	convalescent	dégénérescence
sceptique	s'immiscer	disciple	piscine	effervescent	réminiscence
sciatique	susciter	faisceau	plébiscite	imputrescible	transcendant

b/ On orthographie le son « **s** » dans certains cas :

● par **c** devant **e** (même non prononcé) et **i**, parce que le **c** latin prononcé **k** a fini par se prononcer **s** dans cette position :

▶ **c**e, **c**édille, pour**c**eau, rin**c**eau, **c**ire, sou**c**i, **c**ensé *(estimé), à distinguer de* sensé *(raisonnable)* ;

● par **ç** (avec cédille, pour éviter la prononciation **k**) par souci d'étymologie, devant **a, o, u :**

▶ fa**ç**ade, le**ç**on, re**ç**u

▶ pla**c**er : je pla**ç**ais, il pla**ç**a, nous pla**ç**ons.

3. Une difficulté spéciale

Les sons **si** à l'intérieur des mots.

a/ Dans cette position :

● Les sons notés par **si** ou **ssi** en latin se sont toujours prononcés **si**.
● Les sons notés en latin par **ti** (prononcé d'abord **ti**) ont fini par se prononcer **si**.

4. UNE ORTHOGRAPHE DIFFÉRENTE POUR LES MÊMES SONS

● Les sons notés en latin par **ci** (prononcés d'abord **tsi**) ont fini par se prononcer **si**.
● Les sons notés en latin par **xi** se prononcent **k** + **si**.

b/ Quand vous voulez orthographier les sons entendus **s.i**, il y a donc plusieurs orthographes possibles, selon l'étymologie :
si, ssi, ti, ci, xi (ksi), et même **xti** (= **ksi**) dans *immixtion.*

▶ appré**ci**er, balbu**ti**er, peau**ssi**er *(ouvrier qui travaille les peaux)*, peau**ci**er *(muscle)*, superfi**ci**e, calvi**ti**e, catalep**si**e, Ru**ssi**e, asphy**xi**e, so**ci**été, sati**é**té, a**ssi**éger, pou**ssi**éreux, an**xi**été, so**ci**able, fa**ci**al, insa**ti**able, abba**ti**al.

● On écrira notamment avec **ti** :

▶ le pé**ti**ole, le plénipoten**ti**aire, la supréma**ti**e, l'érup**ti**on.

abbatial	gentiane	initiale	lilliputien	partiel	pénitentiaire
balbutier	impartial	initiative	martial	partial	rationnel
facétie	inertie	insatiable	nuptial	péripétie	torrentiel
calvitie	impéritie	initier	minutie	patience	satiété

c/ Plusieurs centaines de noms d'origine savante s'écrivent en **-tion** :

▶ abstention, exploitation, exécution, exhortation, incantation, fascination, damnation, imprécation, vexation, ostentation.

Mais on prendra garde à l'orthographe, plus rare, de certains mots :

● en **-sion** : ▶ dissension, version, diversion, torsion, distorsion, contorsion, préhension, appréhension, compréhension, ascension, *etc.*

● en **-ssion** : ▶ récession, session, discussion, concussion, concession ;

● en **-xion** : ▶ fluxion, inflexion, réflexion *(à côté de :* infection, réfection).

d/ Pour les adjectifs :

● Il y a toujours un **c** dans la terminaison **-iciel** :

▶ officiel, préjudiciel, cicatriciel, artificiel.

● La terminaison **-entiel** est la plus fréquente :

▶ confidentiel, substantiel, présidentiel.

Exceptions

▶ révérenciel, circonstanciel.

● La terminaison **-ieux** est toujours précédée de la lettre qui figure dans le substantif correspondant :

▶ artifice : artificieux ; silence : silencieux ; audace : audacieux ; astuce : astucieux ; facétie : facétieux ; ambition : ambitieux ; prétention : prétentieux ; minutie : minutieux.

CHAPITRE 5

LES LETTRES NON PRONONCÉES A L'INTÉRIEUR DES MOTS

Il faut, pour respecter l'orthographe, écrire beaucoup de lettres qui ne se prononcent pas. Elles se prononçaient jadis, ou ont été ajoutées par souci d'étymologie ; ou parfois elles se confondent avec une autre lettre pour noter un seul son, ou épargnent un hiatus, etc.

I. Les consonnes redoublées

On prononçait, souvent, les deux consonnes. Ce n'est presque jamais l'usage de nos jours. Mais tantôt on a conservé l'orthographe ancienne, tantôt on l'a simplifiée, et cela, joint à quelques additions étymologiques, est souvent une source d'erreurs. On se reportera pour les mots difficiles au tableau p. 158 ; si on hésite, on cherchera dans un dictionnaire.
D'une façon générale :

1. **On se défiera des analogies.**

Par exemple :

	On redouble la consonne	On ne redouble pas la consonne
▶ **f**	siffler, souffler	persifler, boursoufler
l	imbécillité	imbécile
m	mammifère	mamelle
n	monnaie	monétaire
	traditionnel	traditionalisme, traditionaliste
p	trappe	attraper
r	charrette	chariot
t	combattu	combatif

2. **On fera attention aux préfixes.**

Par exemple, l'ancien préfixe latin **ad,** devant consonne :

▶ **g**	donne	**agg** dans	agglomérer	**ag** dans	agréger
l		**all**	allonger	**al**	alourdir
p		**app**	apparaître	**ap**	apercevoir
r		**arr**	arriver	**ar**	araser
t		**att**	atterrir	**at**	atermoyer

3. On fera attention aux terminaisons :

a/ Des noms et adjectifs terminés par **t** ou **n** au masculin. Certains au féminin doublent la consonne finale devant **e**, d'autres gardent une consonne simple.

Consonne redoublée dans :	Consonne non redoublée dans :
► cadette, muette, sujette, *etc.* sotte, pâlotte, vieillotte chatte paysanne	préfète, inquiète, désuète, *etc.* dévote, manchote, falote candidate persane, sultane

b/ Des verbes :

● En **-onner,** orthographe la plus fréquente :

► tamponner, *etc.*

Mais on écrit **-oner** dans :

► détoner *(faire explosion),* dissoner, s'époumoner, ramoner, téléphoner, *etc.*

A noter aussi :

► **erroné** *à côté de* **étonné.**

● En **-opper,** le plus souvent :

► envelopper, stopper, développer, achopper, *etc.*

Mais on écrit **-oper** dans :

► galoper, écloper, écoper, syncoper, toper.

● En **-oter,** dans la plupart des verbes du type :

► emmailloter, chuchoter, cahoter, clignoter, gigoter, grignoter, ravigoter, sangloter.

Mais une vingtaine de verbes prennent **-otter,** parmi lesquels :

► ballotter, garrotter, grelotter, magotter, flotter.

et ceux qui sont formés sur un substantif en **-otte,** comme :

► botter, culotter.

c/ Des substantifs en **-otte** voisinent avec une cinquantaine de noms en **-ote,** souvent pour des raisons étymologiques :

► bouillotte, carotte, *etc. ;*

► azote, despote, litote, pilote, *etc.*

II. Les lettres muettes intercalées

1. La lettre « h »

Il faut souvent écrire, à l'intérieur d'un mot, une « h » qui n'apparaît pas dans la prononciation, mais qui s'explique par diverses raisons :

a/ L'orthographe étymologique :

▶ exhiber, exhausser, dahlia (du nom d'un botaniste), *etc.*

b/ Le souci de marquer un hiatus ou **d'empêcher** la fusion en un seul son de deux voyelles contiguës (ce que fait, dans d'autres cas, le tréma) :

▶ trahir, envahir, cohue, bahut, cahute, cohorte, prohiber.

c/ Le souci, dans des mots savants venus du grec, après **c, r,** ou **t,** de rappeler graphiquement certaines consonnes grecques aspirées, ou, devant **y,** un **u** grec aspiré :

▶ chiromancie, psychose.

Mais écrivez :

▶ métempsycose.

▶ rhume, rhétorique.

Mais écrivez :

▶ rythme.

▶ hypothèse, philanthrope.

Mais écrivez ▶ hypoténuse, car le radical grec d'où vient **-ténuse,** n'avait qu'un **t** qui n'était pas aspiré.

d/ A la suite de la lettre **p, h** note à la grecque, par la graphie **ph,** le son **f** (cf. p. 147).

e/ Dans des noms italiens comme *Chianti, Borghese* et *spaghetti* (cf. p. 146), **h** sert à maintenir les sons durs « **k** » et « **g** ».

● Vous écrirez :

abhorrer	bohémien	inhalation	rhinocéros
adhérent	bonhomme	inhérent	rhododendron
adhérer	bonhomie	exhiber	rhubarbe
adhésion	cahot	exhorter	rhum
ahaner	cohérent	méhariste	rhume
annihiler	cohésion	menhir	rhumatisme
appréhender	incohérent	myrrhe	silhouette
préhension	dahlia	rhabiller	souhait
compréhensif	exhaler	rhétorique	véhément
brouhaha	inhaler	rhinite	véhicule

▶ absinthe	athlète	éther	panthère
acanthe	authentique	gothique	pathétique
améthyste	hypothèse	jacinthe	plinthe
anthracite	philanthrope	labyrinthe	posthume
antipathie	misanthrope	léthargie	térébinthe
apathie	anthropophage	lithographie	théière
sympathie	anthologie	aérolithe	thème
apothéose	bibliothèque	luthier	théorie
apothicaire	enthousiasme	méthode	thuya
amphithéâtre	esthétique	panthéon	thym

2. La lettre « e » subsiste :

a/ Devant le suffixe de certains noms dérivant des verbes en **-ier, -ouer, -uer,** et **-ver.**

▶ balbutiement	enrouement	flamboiement	zézaiement
pépiement	dénouement	larmoiement	paiement
maniement	échouement	aboiement	gaieté
remerciement	éternuement	tournoiement	scierie
reniement	dénuement	bégaiement	rouerie
dévouement	remuement	déblaiement	tuerie
enjouement			

On écrit aussi :

▶ dévoûment, gaîté, payement, gréement ou grément.

Attention à l'orthographe de :

▶ châtiment, agrément.

b/ Dans *soierie,* formé sur *soie,* mais non dans *voirie,* pourtant formé sur *voie.*

3. La lettre « p » subsiste souvent pour des raisons étymologiques comme dans :

▶ sculpteur	indompté	acompte	exempt	baptême
sculpture	indomptable	décompte	exempter	baptiser
sculpter	compter	comptoir	prompt	baptismal
dompter	compte	comptable	promptement	sept
dompteur	mécompte	escompte	promptitude	

4. La lettre « m » s'explique aussi par l'étymologie dans :

▶ condamner	condamné	damné	damnation
condamnation	condamnatoire	damnable	automne
condamnable	damner		

CHAPITRE 6

L'EMPLOI DE QUELQUES LETTRES DIFFICILES

I. La lettre « Y »

Sauf dans le cas étudié p. 143, II, où entre voyelles « y » sert à la fois à noter le son « yeu » (yod) et la modification du son normal de la voyelle qui précède, y s'emploie pour noter le son « i » dans des mots grecs ou étrangers, ou pour donner plus de consistance à un i : (ex. *il y a...*). Lorsque, à l'initiale, il rappelle un u grec qui était aspiré, il est toujours précédé de h. Y remplace aussi la lettre i, dans des mots étrangers ou des graphies anciennes, en combinaison avec e ou a pour noter par « ey » ou « ay » le son « è » ouvert :

► bey, jockey, Aulnay-sous-Bois.

Vous écrirez :

► Le chrysanthème, l'encyclopédie, l'hiéroglyphe, la lyre.

alcyon	cygne	eucalyptus	martyr	phylloxéra	symétrie
amphitryon	cymbale	geyser	myosotis	polygone	symphonie
anonyme	cynique	glycine	myriade	porphyre	symptôme
apocryphe	cyprès	gymnase	myrte	presbytère	syncope
baryton	cytise	gypse	myrtille	prosélyte	système
cacochyme	dynamo	hémicycle	mystère	psychologue	tympan
cataclysme	dynastie	hydre	mythologie	pyjama	type
chrysalide	dithyrambe	hyène	nymphe	pylône	typhon
collyre	dysenterie	hymne	olympiade	pyramide	tyran
crypte	élytre	hyperbole	odyssée	rythme	yacht
cyclamen	étymologie	hypocrisie	paralysie	sycomore	yole
cyclone	embryon	labyrinthe	péristyle	symbole	zéphyr

Remarques
1. Ne mettez pas automatiquement y à tout préfixe qui vient du grec. Le préfixe hypo- vient du grec hupo- (sous) :

► hypothèse, hypogée, *etc.*

Mais le préfixe **hippo-,** vient du grec **hippos** (*cheval :* avec un i et non un u) :

► hippogriffe, hippopotame, Hippolyte, *etc.*

2. Quand, dans un mot, il y a plusieurs sons « i », dont l'un s'écrit y mettez cet y au bon endroit, celui que justifie l'étymologie :

► dithyrambique, amphitryon, Libye, kyrielle, *etc.*

II. La lettre « Z »

a/ **En fin de mot,** par survivance de graphies d'ancien français ou pour des raisons étymologiques :

● elle donne à un **e** non accentué qui précède, le son **é** (sans se prononcer elle-même) :

▶ vous chantez, que vous chantiez, nez, assez ;

● elle équivaut à une **s** finale prononcée ou non :

▶ riz, raz, quartz.

b/ Elle sert à noter le son « **z** », celui qu'on entend deux fois dans **Zanzibar.** Il n'y a pas de faute possible quand on entend ce son à l'initiale du mot ou à l'intérieur après consonne ou nasale, car si dans ce cas on mettait **s** ou **c** cela ne pourrait correspondre qu'au son « **s** » (comme dans *silence, danse*) et non au son « **z** ».

Écrivez donc sans hésiter :

▶ zébu, bonze.

Mais entre voyelles le son « **z** » est le plus souvent noté par **s** simple :

▶ base, bise.

On ne trouve **z** (et parfois **zz** : *blizzard, muezzin, razzia*) que dans certains mots savants ou étrangers, dont on retiendra l'orthographe.

Vous écrirez :

▶ Le bazar, la rizière.

▶

alcarazas	byzantin	gazelle	topaze	zèle	zinc
alizé	bonze	gazette	trapèze	zeste	zinguer
amazone	bronze	gazouillis	assez	zézayer	zodiaque
azote	colza	horizon	chez	zibeline	zone
benzine	eczéma	lézard	quartz	zigzag	zoologie
bizarre	gaz	lézarde	chimpanzé	zircon	zoophyte
blizzard	gaze	muezzin	zébrure	zizanie	zouave

Remarques

On écrit *dizaine,* conformément à la prononciation. Mais *sixième, deuxième, sixain, dixième,* avec un **x** bien qu'on entende un « **z** ».
L'orthographe étymologique l'emporte.

Si vous devez écrire *bazar,* il faut écrire *hasard.*

III. La lettre « X »

La difficulté de cette lettre vient de ce qu'à elle seule, elle sert à noter dans certains cas deux sons.

1. De nos jours, x sert à écrire :

a/ les sons **ks**

● En tête de mots savants :

▶ xénophobe, xylophone, *etc.*

● Entre voyelles ou devant consonne dans des mots qui ont souvent conservé l'orthographe latine :

▶ rixe, sexe, excuse.

● **Exceptions**

▶ deuxième, dixième, sixième, sixain ; **x** *note le son* « **z** », *cf. p. 155.*

▶ Bruxelles, Auxerre, soixante ; **x** *note le son* « **s** », *cf. p. 147.*

● En finale prononcée de mots savants :

▶ index, phénix.

Exceptions

▶ dix, six, coccyx, *où* **x** *note la finale prononcée* « **s** ».

b/ Dans le préfixe **ex** actuel, devant une voyelle ou un **h** non prononcé **x** sert à écrire les sons « **gz** » :

▶ examen, exemple, exister, exhaler, exhiber.

La difficulté vient lorsque, dans certains mots commençant par **ex** devant **e** ou **i** on entend « **ks** ». Pour transcrire ces sons, il faut ajouter alors à **x** un **c** qui maintient le son sourd « **ks** » et empêche la prononciation « **gz** ». .Aussi écrit-on :

▶ excès, excéder, excellent, excentrique.

Seules exceptions :
exécrable, exécrer, exécration où il n'y a pas de **c**, bien qu'on prononce, en principe, « **ks** ».

Vous noterez l'orthographe des mots suivants :

▶ L'examen, l'index, l'excès, le thorax, la prophylaxie.

syntaxe	apoplexie	phénix	exemption	exubérant
saxophone	réflexe	bombyx	exhausser	exulter
luxuriant	connexe	anxiété	exhorter	excéder
flux	convexe	sphinx	exhumer	excellence
juxtaposer	dextérité	larynx	exigeant	excentricité
équinoxe	inflexion	lynx	exigence	exception
proximité	inexorable	exacerber	exiguïté	excessif
paradoxe	perplexité	exactitude	exode	exciter
orthodoxe	paroxysme	exagérer	exorbitant	exclamation
hétérodoxe	immixtion	exalter	exotique	excursion
hexagone	prolixe	exaspérer	expansif	exsangue
annexer	onyx	exaucer	expulsion	xénophobe

2. Comme lettre finale, en ancien français **x**, lettre simple, notait aussi deux sons **us** après voyelle. Puis **x** est devenu un simple équivalent de « **s** » non prononcé, mais toujours écrit **x** en français moderne.

• Comme marque du pluriel de certains mots en **-eau, -au, -ou, -eu** cf. p. 20.

• A la finale (et sans qu'on le prononce) de mots singuliers où on l'a conservé ou rétabli tantôt parce qu'on gardait une orthographe ancienne, tantôt pour des raisons étymologiques. On trouvera une liste de ces mots p. 140.

IV. Cas où il est impossible de doubler la consonne
(Voir aussi p. 10 : *4. La règle de l'accent.*)

▶ ronflement - insecte - artiste - entente - aversion

▶ information	diversité	intérieur	insecticide	entamer
confirmation	inversion	enfilade	adversité	dimension
infirmité	tension	antilope	artisan	immensité

Après une consonne, on ne double pas la consonne qui suit sauf à l'imparfait du subjonctif des verbes *tenir, venir* et de leurs composés *(maintenir... revenir...).*

▶ Que je tinsse, que tu tinsses, (qu'il tînt)
Que nous tinssions, que vous tinssiez, qu'ils tinssent.

▶ Que je vinsse, que tu vinsses, (qu'il vînt)
Que nous vinssions, que vous vinssiez, qu'ils vinssent.

Par contre, la consonne qui suit une voyelle peut être simple ou double selon l'usage et la prononciation.

▶ attente	alléger	pillule	troupe	aggraver
atome	alourdir	pilote	houppe	agrandir

CHAPITRE 7

RÉVISION

Les chapitres précédents vous ont fait réfléchir sur les problèmes de l'orthographe d'usage. Vous tâcherez maintenant de retenir visuellement l'orthographe des mots difficiles suivants, en rapport avec ces problèmes :

I. Difficultés orthographiques

abri	trombone	cuisseau *(bouch.)*	équivalence
abriter	bonhomme	cuissot *(gibier)*	essence
absous *(p. passé m.)*	bonhomie	déposer	essentiel
absoute *(p. passé f.)*	bracelet	dépôt	étain
accoler	brassard	déshonneur	étamer
coller	cahute	déshonorer	excellant *(p. prés.)*
adhérant *(p. prés.)*	hutte	déshonorant	excellent *(adj.)*
adhérent *(adj. n.)*	cantonnier	détoner *(exploser)*	excellence
adhérence	cantonal	détonner *(chanter)*	exigeant
affluant *(p. prés.)*	ceindre	détonation	exigence
affluent *(n.)*	cintrer	tonner	fabrique
affluence	chaos	tonnerre	fabricant
affoler	chaotique	diffamer	famille
affolement	chaton	infamant	familial
follement	chatte	différant *(p. prés.)*	familier
folle	charrette	différent *(adj.)*	fatigant *(adj.)*
Afrique	charroi	différence	fatiguant *(p. prés.)*
Africain	chariot	différentiel	infatigable
alléger	colonne	discuter	favori *(adj. m.)*
alourdir	colonnade	discutable	favorite *(adj. f.)*
annuler	colonel	discussion	fourmiller *(v.)*
annulation	confidence	dissoner	fourmillement
nullité	confidentiel	dissonance	fourmilier *(n.)*
nullement	cône	dissous *(adj. m.)*	fourmilière
attraper	conique	dissoute *(adj. f.)*	fusilier *(n.)*
attrape	consonne	dixième	fusiller *(v.)*
trappe	consonance	dizaine	fusillade
chausse-trape	combattant	donneur	fût
trappeur	combatif	donation	futaie
barrique	côte	donataire	grâce
baril	côté	égoutter	gracieux
basilic (le) *(n. m.)*	coteau	égoutier	jeûner
basilique (la) *(n. f.)*	courir	émerger	déjeuner
bonasse	coureur	immerger	honneur
bonifier	courrier	époumoner	honorer
bonne	concourir	éperonner	honorable
débonnaire	concurrent	équivalant *(p. prés.)*	honoraire *(adj. n.)*
bonbonne	concurrence	équivalent *(adj. n.)*	homicide

homme	négligent *(adj.)*	pôle	siffler
imbécile	négligence	polaire	persifler
imbécillité	nommer	précédant *(p. prés.)*	sonner
immiscer	nommément	précédent *(adj. et n.)*	sonnette
immixtion	nominal	préférence	sonnerie
intrigant *(adj. n.)*	nomination	préférentiel	sonore
intriguant *(p. prés.)*	nourrice	présidant *(p. prés.)*	sonorité
infâme	nourricier	président *(n.)*	résonance
infamant	nourrisson	présidence	souffrir
invaincu	nourrissant	présidentiel	soufrer
invincible	patte	providence	souffler
jus	pattu	providentiel	essouffler
juteux	patiner	rationnel	essoufflement
mamelle	patin	rationalité	boursoufler
mamelon	patronner	réflecteur	substance
mammifère	patronnesse	réflexion	substantiel
mammaire	patronal	résidant *(p. prés.)*	tâter
millionnaire	patronage	résident *(n.)*	tâtonner
millionième	pestilence	résidence	tatillon
monnaie	pestilentiel	rubaner	teinture
monétaire	pic (le) *(n. m.)*	rubanerie	tinctorial
musique	pique (la) *(n. f.)*	enrubanner	vermisseau
musical	pli	salon	vermicelle
négligeant *(p. prés.)*	surplis	salle	

Nota : Ne pas confondre *différent* (adj. qual.) et *différend* (nom).

II. Mots invariables dont la connaissance est indispensable

alors	pourtant	aussi	hier
lors	autant	parmi	demain
lorsque	mieux	assez	d'abord
dès lors	tant mieux	chez	quand
hors	tant pis	mais	vers
dehors	longtemps	désormais	envers
tôt	(temps)	jamais	travers
sitôt	(printemps)	beaucoup	volontiers
aussitôt	moins	trop	certes
bientôt	néanmoins	combien	sus
tantôt	plus	guère	dessus
pendant	(plusieurs)	naguère	au-dessus
cependant	ailleurs	jadis	par-dessus
durant	puis	gré	sous
maintenant	depuis	malgré	dessous
avant	près	fois	au-dessous
auparavant	après	autrefois	sans
dorénavant	auprès	toutefois	dans
devant	très	parfois	dedans
davantage	exprès	quelquefois	selon
tant	dès que	toujours	loin
(un tantinet)	ainsi	aujourd'hui	nulle part

III. Un conseil pratique : utiliser les familles de mots

Pour trouver l'**orthographe d'un mot**, il suffit souvent de **rechercher** un autre mot de la **même famille** :

lampée, de la famille de **laper**, s'écrit avec un **a**.
pouls, de la famille de **pulsation**, s'écrit avec une **l** et une **s**.
immense, de la famille de **mesure**, s'écrit avec un **e** et une **s**.
épancher, de la famille de **épandre**, s'écrit avec un **a**.
pencher, de la famille de **pendre**, s'écrit avec un **e**.

• On pourra s'exercer, en justifiant, par cette méthode, la lettre ou la partie en gras des mots suivants :

acrob**a**tie	maj**e**stueux	par**t**iel	contr**a**ire	éc**o**rce	fr**ein**
diplom**a**tie	insul**ai**re	respe**ct**	impor**t**un	cor**s**et	r**é**nal
démocr**a**tie	popul**ai**re	miner**ai**	numér**ai**re	re**ts**	ser**ein**
ch**a**ndelier	b**ai**gnade	sei**ng**	dé**s**herber	v**ain**	es**s**or
cor**ps**	exp**a**nsif	é**t**ang	pendel**o**que	bienf**ai**teur	c**er**ceau
tem**ps**	in**cess**ant	h**ai**ne	d**en**telle	appr**en**ti	c**y**clone
doi**gt**	**sang**sue	**t**einte	**cen**taurée	pr**ésen**tation	m**an**che

IV. Quelques mots dont l'orthographe et la prononciation diffèrent

f**e**mme	s**e**condaire	qu**a**driennal	mon**s**ieur
sol**e**nnel	para**s**ol	qu**a**drige	me**s**sieurs
sol**e**nnité	tourne**s**ol	qu**a**drilatéral	g**ars**
sol**e**nnellement	vrai**s**emblable	qu**a**drilatère	exam**e**n
ard**e**mment	vrai**s**emblance	qu**a**drupède	al**b**um
évid**e**mment	Al**s**ace	qu**a**drupler	géran**ium**
excell**e**mment	Al**s**acien	qu**a**ternaire	mus**é**um
innoc**e**mment	aqu**a**relle	qu**a**tuor	préventor**ium**
intellig**e**mment	aqu**a**relliste	in-qu**a**rto	r**hum**
pati**e**mment	aqu**a**rium	**s**quare	sanator**ium**
prud**e**mment	aqu**a**tique	po**ê**le	sér**um**...
réc**e**mment	équ**a**teur	po**ê**lée	n. f**ai**sons
viol**e**mment...	équ**a**torial	po**ê**lon	je f**ai**sais
auto**m**ne	équ**a**tion	po**ê**lier	tu f**ai**sais
conda**m**ner	loqu**a**ce	fa**o**n	il f**ai**sait
se**c**ond	loqu**a**cité	pa**o**n	n. f**ai**sions
se**c**onde	qu**a**dragénaire	ta**o**n	v. f**ai**siez
se**c**onder	qu**a**drangulaire	as**th**me	ils f**ai**saient

• **Dites bien :**
cap**a**raçon *(qui n'a rien à voir avec carapace)* ; dé**gin**gander *(déjingander)* comme **gin**givite ; **hyp**notiser, prestidigitateur *(de* preste *et de* doigt*)* ; rém**u**nérer, rass**é**réner *(de* serein*)* ; événement *(se prononce* évènement*)* ; automne *(autone, l'm ne se prononce pas)*, automnal *(auto-mnal, l'm se prononce souvent)* ; e**n**ivrer, e**n**ivrant, e**n**ivrement *(an-nivrer, an-nivrant, an-nivrement)* ; cheptel *(chétel)* ; entrelacs *(entre-las, le c ne se prononce pas)* ; jungle *(jongle)*.

QUATRIÈME PARTIE

ORTHOGRAPHE ET LANGAGE

CHAPITRE 1

LES HOMONYMES

Les **homonymes** sont des mots qui ont la **même prononciation** mais le plus souvent une **orthographe différente.** Il faut donc **chercher le sens** de la phrase pour écrire le mot correctement.

▶ Une **raie** *(trait, ligne, sillon...);* — une **raie** *(poisson de mer);* — **raie** *(verbe rayer);* — un **rai** *(rayon);* — un **rets** *(filet).*

▶ Je portais donc des chaussettes à **raies.**   (A. GIDE.)

▶ Les mousses triaient à la volée les espèces par tas distincts, les luxueux turbots, les **raies** visqueuses aux piqûres sournoises.   (P. HAMPF.)

▶ L'hirondelle légère **raie** l'azur...   (E. MOSELLY.)

▶ Le soleil lança un **rai**, puis deux et, glorieux d'apparaître, monta derrière une crête d'ajoncs.   (LOUISE WEISS.)

▶ Cependant il advint qu'au sortir des forêts ce lion fut pris dans des **rets.**
                    (LA FONTAINE.)

Lorsque des homonymes ont la **même orthographe,** on les appelle des **homographes** :

▶ une *raie* (ligne...) — une *raie* (poisson) — *raie* (v. rayer).

On pourra chercher tous les homonymes possibles des mots suivants :

▶
mai	eau	pain	quand	tant	joue
verre	cou	cour	conte	main	signe
cher	dey	lait	flan	mort	cœur
cor	pair	poids	sceau	vice	coin
chant	tante	date	chêne	faim	tinter
dessin	chat	sensé	session	écho	fait

CHAPITRE 2

LES PARONYMES

1. Certains mots présentent une ressemblance plus ou moins grande par leur forme et leur prononciation. Ils ont parfois la même étymologie. Ce sont des paronymes. Il ne faut pas les confondre.

▶ L'arbre d'un jardin **affleurait** à la fenêtre tout prêt à la franchir.
(LEON WERTH.)

▶ Son buste droit, rigide **n'effleure** même pas le dossier de son fauteuil.
(PALÉOLOGUE.)

▶ Les enfants apprécient avec une parfaite **justesse** la valeur morale de leurs maîtres.
(A. FRANCE.)

▶ Car on doit souhaiter, selon toute **justice**, / Que le plus coupable périsse.
(LA FONTAINE.)

2. Voici une liste des principaux paronymes :

acceptation : Action d'accepter.

acception : Égard, préférence, sens qu'on donne à un mot.

affleurer : Mettre de niveau deux choses contiguës, être au niveau de.

effleurer : Toucher, examiner légèrement.

allocation : Action d'allouer une somme, une indemnité. La somme elle-même.

allocution : Discours de peu d'étendue.

allusion : Mot, phrase qui fait penser à une chose, à une personne sans qu'on en parle.

illusion : Erreur des sens ou de l'esprit qui fait prendre l'apparence pour la réalité.

amnistie : Pardon collectif accordé par le pouvoir législatif.

armistice : Suspension d'armes.

anoblir : Donner un titre de noblesse.

ennoblir : Donner de la noblesse morale, de la dignité.

astrologue : Homme qui prétend prédire les événements d'après l'inspection des astres.

astronome : Savant qui étudie les mouvements, la constitution des astres.

avènement : Venue, arrivée, élévation à une dignité suprême.

événement : Issue, fait, incident remarquable.

collision : Choc, combat.

collusion : Entente secrète entre deux parties, deux personnes pour tromper un tiers.

colorer : Donner de la couleur :
le soleil colore les fruits ;
le froid colore les joues.
Présenter sous un jour favorable ; *colorer un mensonge, une injure.*

colorier : Appliquer des couleurs sur un objet :
colorier une carte, un dessin.

conjecture : Supposition, opinion établie sur des probabilités :
faire des conjectures, se livrer aux conjectures, se perdre en conjectures.

conjoncture : Concours de circonstances, occasion.

consommer : Détruire par l'usage, achever, accomplir :
consommer du pain ;
consommer un sacrifice.

consumer : Détruire par le feu ; au figuré détruire purement et simplement, faire dépérir ;
l'incendie consume la forêt ;
le chagrin consume la santé.

déchirure : Rupture faite en déchirant.

déchirement : Action de déchirer, grand chagrin, discorde.

écharde : Petit corps qui est entré dans la chair.

écharpe : Bande d'étoffe qui se porte sur les épaules ou à la ceinture.

éclaircir : Rendre clair :
éclaircir la voix, une sauce, une forêt ;
éclaircir un fait, une question, un mystère, un texte.

éclairer : Répandre la lumière sur :
le soleil éclaire la Terre.
Éclairer la conscience, la raison...

effraction : Fracture des clôtures d'un lieu habité.

infraction : Violation d'une loi, d'un ordre, d'un traité ; action d'enfreindre.

éminent : Qui s'élève. Qui est plus haut que le reste :
un lieu éminent, un homme éminent.

imminent : Qui menace. Très prochain :
un péril imminent, un départ imminent.

éruption : Sortie instantanée et violente :
éruption volcanique, éruption de dents, de boutons.

irruption : Entrée soudaine d'ennemis dans un pays, de gens dans un lieu ; débordement des eaux :
l'irruption des Barbares, de la foule, de l'Océan...

gradation : Accroissement ou décroissement progressif :
la gradation des difficultés.

graduation : Action de graduer, état de ce qui est gradué :
la graduation d'un thermomètre.

habileté : Qualité de celui qui est habile.

habilité : Qualité qui rend apte à...

inanité : État de ce qui est inutile et vain.

inanition : Épuisement par défaut de nourriture.

inclinaison : État de ce qui est incliné : l'inclinaison d'un toit, d'un terrain.

inclination : Action de pencher la tête ou le corps en signe d'acquiescement ou de respect. Affection.

inculper : Accuser quelqu'un d'une faute.

inculquer : Faire entrer une chose dans l'esprit de quelqu'un.

infecter : Gâter, corrompre, contaminer.

infester : Ravager, tourmenter par des brigandages. Se dit des animaux nuisibles qui abondent en un lieu.

justesse : Qualité de ce qui est approprié, juste, exact :
la justesse d'une vis, d'un raisonnement.

justice : Bon droit.

papillonner : Voltiger, passer d'objet en objet comme un papillon.

papilloter : Se dit d'un mouvement continuel des yeux qui les empêche de se fixer.

percepteur : Fonctionnaire qui perçoit les impôts directs.

précepteur : Celui qui enseigne.

prescription : Précepte, ordre formel :
les prescriptions du médecin, de la loi.

proscription : Mesure violente contre les personnes, condamnation, bannissement. Abolition :
proscription d'un usage.

prolongation : Accroissement dans le temps :
prolongation d'un match, d'un congé.

prolongement : Accroissement dans l'espace :
prolongement d'un mur, d'un chemin, d'un acte, d'une affaire.

raisonner : Faire usage de sa raison.

résonner : Renvoyer le son, retentir.

recouvrer : Rentrer en possession de ce qu'on a perdu :
recouvrer la vue, le courage.

recouvrir : Couvrir de nouveau.

souscription : Engagement pris par écrit ou par simple signature.

suscription : Adresse écrite sur l'extérieur d'un pli.

suggestion : Action sur l'esprit pour imposer une pensée.

sujétion : Domination qui subjugue. État de celui qui est sujet d'un chef. Assiduité gênante :
mettre sous sa sujétion, tenir en sujétion.

tendresse : Sentiment d'amour, d'amitié, témoignage d'affection.

tendreté : Qualité de ce qui est tendre en parlant des viandes, des légumes...

CHAPITRE 3

REMARQUES SUR QUELQUES NOMS

acquis : de la famille d'*acquisition,* d'*acquérir,* signifie : instruction acquise, savoir, expérience. On dit :
Avoir de l'acquis ; cette personne a beaucoup d'acquis.

acquit : de la famille de *quittance,* d'*acquitter.* Terme de finance, décharge : *Donner un acquit, pour acquit.*
Retenez ces expressions :
par acquit de conscience ; pour l'acquit de sa conscience.

affaire : *avoir affaire à quelqu'un* ou *avec quelqu'un,* c'est avoir à lui parler, à débattre avec lui une affaire. *Avoir affaire,* c'est être occupé par un travail, par une affaire. Dans ces expressions, *affaire* s'écrit en un seul mot.
Mais on écrira en employant le verbe *faire :*
J'ai un travail, un devoir, une démarche à faire (parce que l'on fait un travail, un devoir, une démarche).

alpiniste : peut s'appliquer, par extension de sens, à toutes les montagnes, sans qu'il soit besoin de forger pyrénéiste, andiste...

alternative : succession de deux choses qui reviennent tour à tour. Option entre deux choses, deux propositions.
Ne dites pas : *une double alternative,* puisque l'alternative comprend deux termes.
Dites : *être placé devant une alternative, être en face d'une alternative* ou *avoir le choix entre deux solutions.*

amphitryon : celui chez qui l'on dîne.

avatar : dans la religion indienne, descente d'un dieu sur la terre. Par analogie transformation, métamorphose. *Avatar* n'a jamais le sens d'aventure, d'ennui, d'avarie.
On peut dire : *les avatars d'un comédien, d'un politicien.*
On doit dire : *nous avons eu des aventures, des ennuis pendant notre voyage.*

aveuglement : privation de la vue, cécité ; égarement, obscurcissement de la raison.

aveuglément : est un adverbe qui signifie : en agissant comme un aveugle, sans discernement, sans discussion, sans examen, sans réflexion.

but : point où l'on vise, fin qu'on se propose, intention qu'on a. En principe, un but étant fixe, il est incorrect de dire : *poursuivre un but.*
On ne dit pas non plus : *remplir, réaliser un but.*
Dites : *Se proposer, atteindre un but ; courir, parvenir au but.*

carême : dites : *Ils arrivent comme marée en carême,* c'est-à-dire fort à propos.
Ne dites pas : *Ils arrivent comme mars en carême.* Cette expression n'a aucun sens ; en effet mars tombe toujours dans le carême.

chiffe : étoffe légère et de mauvaise qualité, chiffon. Par extension, au figuré, homme mou, faible de caractère.
Dites : *il est mou comme une chiffe,* ou *c'est une chiffe.*
Ne dites pas : *Il est mou comme une*

chique, par allusion au morceau de tabac que l'on mâche.

contrôle : n'a pas originellement, dans notre langue, le sens d'autorité, de commandement, mais seulement celui de vérification de surveillance, d'examen. *Limitation* ou *régulation des naissances* doit être préféré à *contrôle des naissances.*

décade : signifie étymologiquement *dizaine.* En français, le sens de ce mot s'est fixé pour désigner une période de dix jours. Le sens de : période de dix ans (en anglais « decade ») est impropre dans notre langue, en ce sens, il faut employer **décennie.**

dentition : époque de l'apparition des dents.

denture : ensemble, aspect des dents. Il ne faut pas confondre ces deux mots. Dites : *la première dentition, une dentition précoce* et *une belle denture, une denture éclatante.*

en épigraphe et **en exergue** :
Les deux expressions ne doivent pas être confondues.
L'**épigraphe** est une inscription sur un édifice ou une citation que l'on place en tête d'un livre ou d'un chapitre pour en indiquer le sens.
L'**exergue** est la partie inférieure du plat ou circulaire de la tranche d'une monnaie ou d'une médaille sur laquelle on inscrit une date, une devise, etc.

épitaphe : inscription sur un tombeau.

errements : ce mot qui signifie *manière d'agir, démarches habituelles,* ne doit pas être confondu avec *erreurs, opinions contraires à la vérité.*

escalier : dites : *monter l'escalier;* ne dites pas : *monter les escaliers.*

espèce : est féminin quel que soit le genre de son complément.

Dites : *une espèce de clown* et non « *un » espèce de clown.*

exprès ou **express.** Le substantif **exprès** désigne une personne chargée de porter un message. Par ellipse, on dira *une lettre exprès* et même *un exprès* au sens de *message acheminé par exprès.* Il ne faut pas dire *une lettre express.* Le mot *express* est un anglicisme. Il désigne un convoi, un service de transport relativement rapide. On dira *un train express* ou, par ellipse, *un express.*

faute : ne dites pas : *c'est de ma faute.* Dites : *c'est ma faute.*

filtre : étoffe, papier, linge, corps poreux à travers lequel on fait passer un liquide pour le clarifier. Passoire.
philtre : breuvage ayant un pouvoir magique.

fond : ce qu'il y a de plus bas dans une cavité, dans une chose creuse ou profonde : *le fond d'un vase, d'un sac, d'un abîme.*
La partie la plus profonde, la plus reculée, la plus cachée : *le fond de la forêt, le fond du cœur, le fond de l'âme.*
Le **fond** d'une chose est aussi la matière par opposition à la forme.

fonds : sol d'un champ, domaine, capital, par opposition au revenu : *cultiver un fonds, dissiper le fonds et le revenu. Un fonds de commerce, un fonds d'épicier. Être en fonds = avoir de l'argent.*
Ensemble de qualités : *un fonds de savoir, de probité, de santé.*
Littré dit que l'on peut écrire, indifféremment, un *fond(s)* de savoir.
En résumé, *fonds* s'écrit avec une **s** dans le sens de capital, terres, argent, richesse. On écrit aussi le *tréfonds.*

fonts : bassin qui contient l'eau du baptême : *les fonts baptismaux.*

for : *son for intérieur* = sa conscience.

franquette : vient de *franc* et signifie : *franchement, sans façon.* Usité seulement dans l'expression familière : *à la bonne franquette*, qu'il convient de ne pas déformer.

habitat ne doit pas être pris au sens d'habitation ; il signifie : *milieu géographique convenant à l'existence d'une espèce animale ou végétale ;* et par extension, en parlant de l'homme : *mode particulier de peuplement, conditions dans lesquelles une population est logée dans un certain milieu.*

hôte : est un mot curieux. Il désigne : 1° celui qui donne l'hospitalité ; 2° celui qui reçoit l'hospitalité. Le sens général de la phrase permet de faire la distinction. *Hôte* a également le sens d'habitant, de voyageur.

lacs : écrivez : *tomber dans le lac,* si cette expression a le sens de tomber à l'eau, mais écrivez *lacs* avec une **s** si ce mot a le sens de *piège,* d'*embarras. Tomber dans le lacs, être dans le lacs =* tomber, être dans l'embarras. Du reste, dans ce sens, lacs se prononce « lâ ».

mappemonde ne désigne pas un globe terrestre mais une carte plane de l'univers.

martyr (e) : celui, celle qui a souffert la mort pour sa religion ou ses opinions. Personne qui souffre.

martyre : supplice enduré, grande souffrance du corps ou de l'esprit. *Souffrir le martyre.*

maximum désigne le plus haut degré qu'une chose puisse atteindre. Il est donc **incorrect** de dire : *au grand maximum.*

midi : est du masculin. Dites, écrivez : *midi précis, midi sonné.*

panacée : remède universel, contre tous les maux. Ne dites pas : *panacée universelle,* puisque l'idée d'universel est contenue dans *panacée.*

partisan : pris comme nom n'a pas de féminin. Ne dites ni *partisane,* ni *partisante.* L'adjectif *partisane* est correct : *une querelle partisane.*

péripétie : ce mot désigne un événement imprévu qui change le déroulement, l'état des choses, et non un incident mineur.

périple : étymologiquement : *navigation autour, voyage en bateau autour d'une mer, des côtes d'un pays.* Périple ne peut s'employer en parlant d'un voyage à l'intérieur d'un pays.

pied : écrivez : *pied* au singulier dans *perdre pied, lâcher pied, être sur pied. Aller, voyager à pied* (par opposition à cheval, etc.)... *Au pied des monts, des arbres* (chaque montagne, chaque arbre n'a qu'une base, qu'un pied). Mais on écrira : *se jeter aux pieds de quelqu'un.* Retenez ces deux expressions : *pied bot* et *plain-pied.*

publication : il faut préférer *publication* à *parution,* c'est plus correct. Dites : *la publication d'un livre.*

récépissé : vient de *recevoir,* dites bien **récépissé** et non « récipissé ».

trantran : *manière de conduire certaines affaires, routine.* Ne dites pas : *le train-train,* dites : *le trantran.*

CHAPITRE 4

REMARQUES SUR QUELQUES ADJECTIFS

achalandé vient de *chaland* (client). Un magasin *achalandé* n'est pas celui qui forcément regorge de marchandises : c'est celui qui a de nombreux *chalands,* c'est-à-dire de nombreux clients.

bénit, béni sont les participes passés de *bénir. Bénit* avec un **t** se dit des choses sur lesquelles le prêtre a donné la bénédiction : *du pain bénit, de l'eau bénite. Béni* est le participe normal de bénir : *j'ai béni,* tu as béni.

capable : on est *capable* de donner et de faire. *Capable* a un sens actif.

susceptible : on est *susceptible* de recevoir certaines qualités, de prendre, d'éprouver, de subir. *Susceptible* a un sens passif.

Le verre est susceptible d'être travaillé. Le maître verrier est capable de lui donner les formes les plus variées. Ces paroles sont capables de le chagriner.

Susceptible veut dire, également, d'une sensibilité très vive.

conséquent : *qui suit* ou *qui se suit, logique, qui juge bien, qui raisonne bien :* ou *qui n'est pas en contradiction avec,* en parlant des personnes et des choses. *Conséquent* n'a jamais le sens d'important, ni de considérable. Ne dites pas : *un travail conséquent, une maison conséquente,* dites : *un travail important, une maison importante, un esprit conséquent, être conséquent avec soi-même, avoir une conduite conséquente à ses convictions.*

courbatu : ne dites pas : *je suis courbaturé,* dites : *je suis courbatu.*

difficile : *qui n'est pas facile, qui est pénible.* Convient aux personnes et aux choses. Employez-le, vous serez toujours correct. On peut dire : *un travail, un parcours difficile, un homme, un caractère difficile.*

difficultueux : *qui est enclin à élever* ou *à faire des difficultés à tout propos.* Se dit seulement des personnes. Ne dites pas : *une tâche difficultueuse.* Dites : *un homme, un esprit difficultueux.*

ennuyant : qui cause de l'ennui par occasion.

ennuyeux : qui cause de l'ennui d'une manière constante.

fortuné : ne doit pas être employé pour *riche,* c'est une faute qui provient de ce que fortune, entre autres significations, a celle de richesse. Un homme fortuné est celui qui est *favorisé par le sort.* Un homme riche est celui qui possède de grands biens.

grand : ne dites pas : *de gros progrès, de gros efforts,* dites plutôt : *de grands progrès, de grands efforts.*

hibernant : se dit des animaux tels que le loir et la marmotte qui restent engourdis pendant l'hiver.

hivernant : se dit des personnes qui passent l'hiver dans les régions où le climat est chaud.

indifférent : on doit dire : *cela m'est indifférent,* et non : « *cela m'indiffère* ». Le verbe « indifférer » n'existe pas.

impoli : *qui n'est pas poli* (*mal poli* n'existe pas). Dites : un enfant impoli.

notable : *digne d'être noté, considérable, grand, remarquable, qui occupe un rang considérable.* Se dit des choses et des personnes. Dites : *un intérêt notable, un écrivain notable.*

notoire : *qui est à la connaissance du public.* Se dit seulement des choses ; dites : *un fait notoire, une probité notoire.*

ombragé : *placé sous un ombrage : un chemin ombragé.*

ombrageux : *qui a peur de son ombre : un cheval ombrageux. Qui est soupçonneux : un esprit ombrageux.*

ombreux : *qui fait de l'ombre : la forêt ombreuse.*

passager : *qui ne s'arrête pas, qui ne dure pas : un oiseau passager, un malaise passager.*

passant : *où il passe beaucoup de monde, un lieu passant.* Ne dites pas : *une rue passagère*, dites : *une rue passante.*

pécuniaire : *qui a rapport à l'argent : embarras pécuniaire, perte pécuniaire.* N'employez pas : *pécunier*, ce mot n'existe pas.

pire : comparatif de l'adjectif *mauvais.* Il accompagne le nom : *Il n'est pire eau que l'eau qui dort. Les pires sottises.*

pis : comparatif de l'adverbe *mal. Pis* peut être adverbe ou adjectif, il ne s'emploie jamais avec un nom. Il s'emploie après les verbes *avoir, être, aller, faire. Pis* et *pire* peuvent s'employer comme noms. *Il ne peut pas faire pis. Aller de mal en pis. C'est pis, tant pis, au pis aller, de pis en pis. En mettant les choses au pis. Il n'est point de degrés du médiocre au pire* (BOILEAU).

populaire : qui appartient au peuple, qui est du peuple, qui concerne le peuple : *une opinion populaire, un homme populaire, une joie populaire, une fête populaire.*

populeux : *très peuplé : une rue populeuse, un quartier populeux.*

possible : reste généralement invariable après une locution comme *le plus, le moins, le mieux, le meilleur : relisez votre travail pour faire le moins de fautes possible.* Il est variable quand il se rapporte à un nom : *cherchez toutes les acceptions possibles de ce mot.*

rebattu : ne dites pas : *avoir les oreilles rabattues par les mêmes discours.* Dites : *avoir les oreilles rebattues par les mêmes discours.*

réticent - réticence : ont rapport à l'*attitude de ceux qui passent sous silence ce qu'ils devraient dire.* On en fait souvent, à tort, des synonymes de *hésitant* et hésitation.

soi-disant - prétendu. Soi-disant : locution adjective invariable, ne doit s'appliquer qu'aux êtres doués de la parole et capables, en conséquence, de s'exprimer. On dira : *de soi-disant amis.* On ne dira pas : *un soi-disant chien de race* **mais** *un prétendu chien de race.*

somptuaire : se dit des *lois*, des *règlements qui limitent certaines dépenses de luxe.* Il n'a pas le sens de somptueux, abusif, excessif. Il est donc incorrect de dire *des dépenses somptuaires.* Dites : *une loi somptuaire, une réforme somptuaire.*

stupéfait : est un adjectif. *Je suis stupéfait, une personne stupéfaite.* Ne confondez pas : *stupéfait* avec *stupéfié*, participe de *stupéfier. Stupéfié* s'emploie avec le verbe *avoir* ou dans la phrase passive : *Cette réponse l'a stupéfié, je suis stupéfié par...*

subi : est le participe passé de *subir. Un malheur subi avec courage.*

subit : adjectif. Soudain, qui survient tout à coup : *un ouragan subit.*

valable : ne doit pas s'employer dans le sens de remarquable, d'efficace, il signifie *qui remplit les conditions requises pour produire légalement son effet : un billet, un passeport valable ;* et au figuré *digne d'être pris en considération : une excuse valable.*

169

CHAPITRE 5

REMARQUES SUR QUELQUES PRONOMS

celui, celle (s), ceux doivent être complétés et ne peuvent être employés, dit Littré, qu'avec la préposition *de* ou les pronoms relatifs *qui, que, dont ;* il en résulte qu'ils ne peuvent être suivis d'un adjectif ou d'un participe passé.
Ne dites pas : *Les blés sont coupés.* « *Ceux rentrés* » *sont lourds de grain.* Dites : *Les blés sont coupés. Ceux* **que** *nous avons rentrés sont beaux.* Ou : *Ceux* **qui** *ont été rentrés sont beaux.* De tous les clochers, celui **de** *mon village est le plus beau.*
chacun : ne dites pas : *Ces livres valent trente francs chaque.*
Dites : *Ces livres valent trente francs chacun.* Dites aussi : *Ils s'en allèrent chacun de son côté* (et non de « leur » côté).

dites-le-moi : Lorsque le verbe est suivi de deux pronoms compléments, le pronom complément direct se place le plus près du verbe. Dites : *rendez-les-moi, dites-le-moi.*

dont : pronom relatif, équivalent de : *de qui, de quoi, duquel, de laquelle, desquels,* etc., s'applique aux personnes et aux choses.
J'aime ma mère dont le sourire est si bon. Voici la forêt dont je connais tous les sentiers.
Dont peut être complément d'un verbe, d'un nom, d'un adjectif.
Le nom qui doit être complété par *dont* ne peut être précédé ni d'un adjectif possessif, ni d'une préposition.
Ne dites pas : *Le peintre dont nous*

admirons ses tableaux fait de beaux ciels. La maison dont à la façade grimpe un rosier est historique.
Dites : *Le peintre dont nous admirons les tableaux fait de beaux ciels. La maison à la façade de laquelle grimpe un rosier est historique.*

d'où : On emploie *d'où* à la place de *dont* quand il faut marquer le lieu. *La ville dont j'admire les monuments est un centre culturel. La ville d'où je viens a de riches musées.*

qui : La construction la plus correcte et la plus claire veut que le pronom sujet *qui* ne soit pas séparé de son antécédent. Ne dites pas : *J'ai vu des canards dans la mare qui barbotaient.* Dites : *J'ai vu des canards qui barbotaient dans la mare. Qui* peut être séparé de son antécédent dans certains cas, mais il faut qu'il n'y ait pas d'équivoque : *Voici mon père, je l'entends qui monte l'escalier.*
Qui précédé d'une préposition, *à, de, sur,* etc., est complément et ne s'emploie pas en parlant des choses.
Ne dites pas : *le livre de qui vous parlez...* Dites : *le livre dont vous parlez...*

auquel : s'applique indifféremment aux personnes et aux choses.
Ne dites pas : *le film à qui je pense.*
Dites : *le film auquel je pense..., l'enfant à qui* (ou *auquel*) *je pense...* Toutefois *à qui* s'emploie en parlant de choses personnifiées : *Village à qui j'adresse ma tendresse...*

CHAPITRE 6

REMARQUES SUR QUELQUES VERBES

agoniser, agonir. Agoniser c'est *être à l'agonie,* c'est-à-dire dans la dernière lutte contre la mort. **Agonir** c'est *faire honte, accabler.*
Ne dites pas : *agoniser quelqu'un d'injures.*
Dites : *agonir quelqu'un d'injures, de reproches, de sottises.*

aller : Dites : *aller au marché, aller aux champs, à Paris, en Suède.*

partir : Ne dites pas : *partir au marché...* Dites : *partir pour le marché, pour les champs, partir pour Paris, pour la Suède.* Dites également : *je prépare mon départ pour Paris, pour la Suède.*

amener, ramener : *mener vers, conduire.* Se dit plutôt des êtres. *On amène quelqu'un à dîner. On ramène un enfant chez lui.* On dit aussi : *amener l'eau dans une ville, amener la maladie, le bonheur.*

apporter, rapporter : *porter au lieu où est une personne.* Se dit des choses.
Dites : *apporter le potage, les fruits, le courrier.*

atterrir sur la Lune doit être préféré au néologisme « *alunir* ». En effet, dans atterrir, la racine terre a le sens de sol et ne désigne pas exclusivement notre planète. Ainsi utilise-t-on amerrir, qui signifie : reprendre contact avec la mer et par extension avec l'eau douce.

bâiller : *respirer en ouvrant convulsivement la bouche : je bâille. Être entrouvert, mal joint : la porte bâille.*

bayer : *tenir la bouche ouverte en regardant quelque chose.* Se retrouve seulement dans la forme figée : *bayer aux corneilles.*
Autre forme de *bayer : béer* qu'on retrouve dans *bouche bée,* dans *béant.*

causer : *s'entretenir familièrement : On cause de quelque chose avec quelqu'un.*
Ne dites pas : *je cause à mon frère* ou *je lui cause.* Dites : *je cause avec mon frère* ou *je cause avec lui.*
On peut dire aussi : *causer sport, politique, art, littérature...*

parler : on parle à quelqu'un. Dites : *je parle à mon frère, je lui parle* ou *je cause avec mon frère, je cause avec lui.*
Ne dites pas : *j'ai entendu parler que, je vous ai parlé que.*
Dites : *J'ai entendu parler de, je vous ai parlé de* ou *j'ai entendu dire que, je vous ai dit que.*

changer : *céder une chose pour une autre, remplacer un objet.*

échanger : *donner une chose contre une autre, donner ou recevoir par l'échange.*
Ces deux verbes sont parfois assez proches l'un de l'autre.
Dites : *on change de linge, de cravate, on change son argent, la couverture de son livre, un pneu de son auto, ses habitudes. On échange des marchandises, des timbres avec un ami, quelques propos avec quelqu'un.*

clore, clôturer : clôturer s'emploie trop souvent à la place de clore dans les expressions : clôturer un débat, une discussion, une séance, un congrès.
On dira : *clore un débat, une discussion, une séance, un congrès.*

contacter : ce mot emprunté à l'anglais est **à proscrire.**
Dites : *se mettre en rapport avec, prendre contact avec, prendre langue avec, toucher, s'entretenir avec...*

couper : ne dites pas : *couper quelqu'un.*

Dites : *couper la parole à quelqu'un* ou *interrompre quelqu'un.*

démythifier - démystifier : il ne faut pas confondre *démythifier,* qui veut dire *ôter à un mot, à une idée, à un acte, à un événement sa valeur trompeuse de mythe,* avec *démystifier* qui signifie *détromper* la victime d'une mystification. On dira : *ce critique a voulu démythifier le personnage de Chateaubriand* et non : *ce critique a voulu démystifier Chateaubriand.*

disputer : *examiner, débattre, avoir une vive discussion sur une chose : On dispute de quelque chose* comme on dirait *on discute.*
En un autre sens : *faire de quelque chose l'objet d'une lutte avec quelqu'un : cet élève a disputé la première place. Les Hollandais disputent la terre à la mer.*
Ne dites pas : *disputer quelqu'un, se disputer.*
Dites : *gronder, quereller quelqu'un, se quereller.*

émouvoir : Préférez *émouvoir* à *émotionner.*
Ne dites pas : *je suis émotionné, c'est émotionnant.*
Dites : *je suis ému, c'est émouvant.*

entrer : *passer du dehors au dedans ; entrer dans la boutique, dans l'ascenseur.*

rentrer : *entrer après être sorti, entrer de nouveau : rentrer chez soi, la rentrée des classes, la rentrée des facultés.*

éviter : *se détourner des personnes ou des objets* (l'action ne regarde que soi). *On évite un ennui, un danger, quelqu'un.* On n'évite pas quelque chose « à quelqu'un ». Ne dites donc pas : *je vous ai évité une peine.* Employez épargner.

épargner : on épargne quelque chose à quelqu'un. Dites : *épargner un ennui à quelqu'un ; je vous ai épargné cette peine.*

excuser : *excusez-moi, vous m'excuserez, je vous prie de m'excuser* sont des formules de civilité. *Je m'excuse* est

correct, mais ne marque pas de nuance de déférence, de politesse.

faire : Ne dites pas : *percer ses dents.*
Dites : *faire ses dents.*
Ne dites pas : *faire ses chaussures.*
Dites : *cirer ses chaussures.*
Ne dites pas : *se faire une entorse.*
Dites : *se donner une entorse.*

former : c'est *concevoir* en parlant *des idées, des sentiments.*
Dites : *former des vœux, des soupçons, des craintes, des projets.*

formuler : c'est *énoncer avec la précision d'une formule.*
Dites : *formuler sa pensée, des griefs.*

fréquenter : *aller souvent chez quelqu'un* ou *dans un lieu.*
On dit : *fréquenter quelqu'un* ou *fréquenter chez quelqu'un. Les bois où fréquentent les sangliers sont épais.*

habiter : Ne dites pas : *il reste rue Eblé.* Dites : *il habite, il demeure rue Eblé.* Ne dites pas : *habiter en face l'église.* Dites : *habiter en face de l'église* ou *vis-à-vis de l'église.* On peut dire : *habiter près de l'église,* ou *près l'église.*

ignorer : ne dites pas : *tu n'es pas sans ignorer.*
Dites : *tu n'es pas sans savoir* ou plus simplement *tu n'ignores pas.*

initier : ce verbe n'a nullement le sens de « commencer à », « inaugurer ». Il veut pour complément direct un nom de personne et peut avoir pour complément indirect un nom de chose introduit par *à* ou par *dans : on initie une personne à* (ou *dans) tel ou tel mystère.* Il serait barbare de dire « ce commerçant initie une nouvelle formule de vente ».

invectiver : *dire des paroles amères, violentes, injurieuses contre quelqu'un* ou *contre quelque chose. Invectiver* est un verbe intransitif.
Ne dites pas : *invectiver quelqu'un.* Dites : *invectiver contre quelqu'un.*

insulter : offenser par des outrages en actes ou en paroles.
Dites : *insulter quelqu'un.* Dites aussi : *insulter à la misère, à la douleur.*

jouir : *tirer plaisir.* Jouir impliquant une satisfaction, une idée de joie, ne se dit pas des choses mauvaises.
Ne dites pas : *il jouit d'une mauvaise santé, d'une mauvaise réputation.*
Dites : *il a une mauvaise santé, une mauvaise réputation* ou *il ne jouit pas d'une bonne santé, d'une bonne réputation.*

marmotter : *parler confusément entre ses dents.*

marmonner : a un sens proche de *marmotter*, mais appartient au langage familier.

pallier : *couvrir d'un déguisement, d'une excuse comme d'un manteau.* Pallier est un verbe transitif.
Ne dites pas : *pallier à un défaut, à un inconvénient.*
Dites : *pallier un défaut, un inconvénient.*

pardonner : ne dites pas : *pardonner quelqu'un.*
Dites : *pardonner quelque chose à quelqu'un, pardonner à quelqu'un. Je lui pardonne. Je leur pardonne.*

remédier : *apporter remède, obvier.* Remédier est un verbe intransitif.
On dit : *remédier à un inconvénient, à un abus, à un mal.*

rabattre - rebattre : il faut distinguer **rabattre** qui signifie *rabaisser*, de **rebattre** qui veut dire *battre de nouveau.* On rabat un arbuste, on rabat l'orgueil de quelqu'un. On rebat (et non « rabat ») les oreilles de quelqu'un. Un sujet banal est dit rebattu et non « rabattu ».

résoudre : Ne dites pas : *solutionner une question, un problème.*
Dites : *résoudre une question, un problème.*

risquer : c'est *courir un danger.* Il est donc impropre de l'employer s'il s'agit d'un événement heureux, à moins qu'on n'use d'ironie.
Ne dites pas : *il risque de gagner, d'être le premier.*
Dites : *il risque de perdre, d'échouer, il risque d'être le dernier* ou *il a des chances de gagner, d'être le premier.*

sanctionner : est employé abusivement dans le sens de *punir.* On punit un individu, on sanctionne sa faute.

s'avérer : absolument, *être reconnu pour vrai* avec un attribut, *se révéler comme étant vraiment ce qu'indique l'attribut.*
Ne dites pas : *cette nouvelle s'avère fausse.*
Dites simplement : *cette nouvelle est fausse.*

se défier : *se fier peu ou difficilement.*

se méfier : *se fier mal.* Ces deux verbes ont des sens très proches. La nuance qui les sépare est très petite. L'usage les confond.

se rappeler : est assez proche par le sens de *se souvenir*, mais il est *transitif direct.* Ne dites pas : *je me rappelle d'une chose, je m'en rappelle, je me rappelle de vous.* Dites : *je me rappelle une affaire, je me la rappelle. Je m'en rappelle les détails.* On ne peut employer *s'en rappeler* que si le verbe est suivi d'un complément d'objet direct. *J'ai vu cette ville ; je m'en rappelle les monuments* (en est complément de « monuments »).

se souvenir : dites : *je me souviens de cette affaire, je me souviens de tous les détails de cette affaire, je m'en souviens. Je me souviens de vous.*
Se souvenir suivi de *que*, dans une phrase affirmative ou interrogative, veut l'indicatif ; dans une phrase négative, veut le subjonctif (LITTRÉ). Dites : *Je me souviens, que tu as dit... Je ne me souviens pas que tu aies dit...*

sortir : on dit : *sortir un enfant, un malade, un vieillard,* cela suppose qu'on prend un enfant, un malade, un vieillard par la main ou par le bras. Ne dites donc pas : *sortir son chien.* Au sens de se promener, dites : *je suis sorti avec mon frère, avec mon ami, avec mon chien.*

traverser : ne dites pas : *traverser le pont.*
Dites : *traverser la chaussée, passer le pont.*

CHAPITRE 7

REMARQUES SUR QUELQUES PRÉPOSITIONS

à bicyclette : ne dites pas : *en bicyclette*.
Dites : *aller, monter à bicyclette, à moto, à cheval, en voiture, en auto, en avion.*

à bon marché : dites : *acheter, vendre à bon marché* ou *acheter, vendre bon marché*. Il semble plus correct de dire : *à bon marché* comme on dit : *à bon compte, à vil prix.*

clef : Ne dites pas : *la clef est après l'armoire*.
Dites : *la clef est à l'armoire.*

être à court de : on dit indifféremment : *être à court de* ou *être court de : être à court d'idées, d'argent. Être court d'idées, d'argent.*

grâce à : cette locution ne s'applique qu'à *ce qui produit un effet heureux.*
On dira : *c'est grâce à ses efforts qu'il a réussi.*
On ne dira pas : *c'est grâce à de mauvaises fréquentations qu'il s'est détourné de son devoir.*
On devra dire : *c'est à cause de..., c'est par de mauvaises fréquentations...*

jusqu'à aujourd'hui, jusqu'aujourd'hui sont des constructions également correctes.

à nouveau : en recommençant de façon complètement différente, d'une autre manière.

de nouveau : une nouvelle fois, de la même manière. — *De nouveau* marque seulement la répétition :
« La Marseillaise » retentit de nouveau. L'élève a mal conduit son raisonnement, il fait à nouveau son problème.

quant à : ne dites pas : *tant qu'à moi*, dites : *quant à moi.*

Il ne faut pas écrire « *tant qu'à faire* ». Mais, selon le sens, ou bien : *quant à faire ceci* (= pour ce qui est de faire ceci), *je ne le puis ;* ou bien : *à tant faire* (= puisqu'il faut se résigner à faire cela) : *à tant faire que de lire ce livre, lisez-le avec soin.*

sauter à bas de : ne dites pas : *sauter bas son lit.*
Dites : *sauter à bas de son lit, à bas de son cheval.*

Faut-il employer à, faut-il employer *ou* entre deux nombres marquant une approximation ?
On emploie *ou* si les deux nombres sont consécutifs et se rapportent à des êtres ou à des choses qui ne peuvent se diviser en fractions :
Trois ou quatre enfants, cinq ou six moineaux ;
quatre ou cinq albums, huit ou neuf canards.
On emploie généralement **à** dans les autres cas, c'est-à-dire si les nombres ne sont pas consécutifs ou si, étant consécutifs, ils se rapportent à des choses qui peuvent se diviser en fractions :
Quatorze à dix-huit francs, cinq à sept personnes, deux à trois heures, trente à quarante, sept à huit cents enfants.
Si, en pensée, on choisit comme unité la dizaine ou la centaine, les nombres deviennent alors consécutifs et peuvent être liés par **ou** :
On peut très bien écrire : *trente ou quarante, sept ou huit cents.*

avec : il faut éviter de terminer une phrase par *avec* employé adverbialement. Vous direz : *J'ai vu Paul, je suis sorti avec lui* (ou : *nous sommes sortis ensemble*).

aller chez : ne dites pas : *aller au dentiste.* Dites : *aller chez le dentiste,* comme vous dites : *aller chez le fruitier, chez le libraire.*
On va *chez* quelqu'un.
Vous pouvez dire : *aller à l'épicerie, aller au pain, aller à l'herbe...*

à travers, au travers de : ces deux expressions ont le même sens. *A travers* s'emploie sans *de ;* au travers s'emploie toujours avec *de : à travers les nuages. Au travers de la tempête.*

furieux contre : Ne dites pas : *furieux après quelqu'un ;* dites : *furieux contre quelqu'un.*

le livre de : ne dites pas : *le livre à Jean-Paul.*
dites : *le livre de Jean-Paul, la montre de Pierre, la maison de mon oncle...*

dans un fauteuil : ne dites pas : *sur un fauteuil.* Dites : *dans un fauteuil, sur une chaise, sur un divan, sur un canapé.*

dans le journal : ne dites pas : *lire sur le journal.* Dites : *lire dans le journal, lire dans un livre, lire dans un magazine,* mais dites : *lire sur une affiche.*

en skis : on dit aussi **à skis.** Il semble préférable de dire *en skis,* comme on dit *en sandales, en sabots.*

vis-à-vis : cette locution prépositive signifie *en face de.* Elle ne remplace jamais *envers* ou *à l'égard de.*

Ne dites pas : *Il est insolent vis-à-vis de moi.*
Dites : *Il est insolent envers moi* ou *à mon égard.*

voici : se rapporte à ce qui va être dit, ou présente des êtres ou des choses proches :
Voici ce qui vous plaira : des pêches et des poires.
Voici notre professeur qui entre en classe.

voilà : se rapporte à ce qui vient d'être dit, ou présente des êtres ou des choses éloignés :
Bonté, franchise, droiture, voilà ses qualités.
L'avion sort des nuages, le voilà qui descend.

a) Pour les autres sens, *voici* et *voilà* se pénètrent.
Littré dit : « Dans les cas où l'on peut les employer l'un pour l'autre, on peut dire *voilà* pour *voici,* mais on ne dit pas également *voici* pour *voilà. Voilà* tend de plus en plus à éliminer *voici.* »

b) Devant l'infinitif du verbe *venir,* employez *voici : voici venir le printemps.*

c) Ne dites pas : *le voilà qu'il vient* ou *le voici qu'il vient.*
Dites : *le voilà qui vient, le voici qui vient,* ou *voilà qu'il vient, voici qu'il vient.*

CHAPITRE 8

REMARQUES SUR QUELQUES ADVERBES

bien : l'usage fait synonymes les expressions : *bien vouloir* et *vouloir bien*. Il semble pourtant que *bien vouloir* laisse entrevoir une nuance de respect et doit être employé par un subordonné s'adressant à un supérieur et que *vouloir bien* renferme l'idée d'un ordre donné par un supérieur à un subordonné.

en définitive est une locution adverbiale qui signifie : *tout bien considéré*. « En définitif » est incorrect.

jadis : *il y a fort longtemps ;* marque un passé lointain.

naguère : *il y a peu de temps, il n'y a guère de temps ;* marque un passé récent et doit s'employer au sens de *récemment*. *Naguère* s'oppose à *jadis*, à *autrefois*.
Ne dites pas : *Paris, naguère, s'appelait Lutèce*. Dites : *Paris, jadis, s'appelait Lutèce*.
Ces arbres naguère chargés de fleurs sont maintenant dénudés.
Rappelons que *antan* (qui est un nom peu usité aujourd'hui) signifie : l'année qui précède celle qui court.

il y a longtemps que : ne dites pas : *il y a longtemps que je ne l'ai rencontré*. La négation *ne* est inutile. Dites : *il y a longtemps que je l'ai rencontré, que je l'ai vu, que je lui ai parlé*.

si, très : *si* et *très* ne doivent modifier que des adjectifs ou des adverbes. *Un*

enfant si raisonnable... Il est tombé si maladroitement... Il est très intelligent. Il a répondu très aimablement.
Ne dites pas : *j'ai si mal, j'ai si peur, j'ai très faim, j'ai très envie de...*
Dites : *j'ai bien mal, j'ai fort mal, j'ai tellement peur, j'ai bien faim, j'ai grand-faim, j'ai fort envie de lire cet ouvrage.*

de suite : *l'un après l'autre, sans interruption.*

tout de suite : *sans délai, sur-le-champ, sans attendre.*
Ne dites pas : *il revient de suite.*
Dites : *il revient tout de suite. On m'appelle, j'y vais tout de suite. J'ai écrit trois lettres de suite. J'ai lu plusieurs heures de suite.*

tout à coup : *soudainement, à l'improviste.*

tout d'un coup : *d'une seule fois.*
Dites : *Tout à coup, on entendit une détonation.*
Le malheur s'abattit sur lui, il perdit sa fortune tout d'un coup.

trop : Ne dites pas : *il mange de trop, il parle de trop.*
Dites : *il mange trop, il parle trop.*

voire : avec un *e*, a généralement le sens de *même*.
Cet élève est excellent, voire brillant.
Voire se joint quelquefois à *même*.
Ce remède est inutile, voire même pernicieux (ACADÉMIE).

CHAPITRE 9

REMARQUES SUR QUELQUES CONJONCTIONS

à ce que : n'abusez pas de cette locution conjonctive, qu'on peut souvent remplacer par un simple *que.*

de façon que : *Prenez le chemin habituel de façon à ne pas vous égarer. De façon à* est correct, mais *de façon à ce que* est incorrect.
Ne dites pas : *il étudie de façon à ce qu'il puisse réussir.*
Dites : *il étudie de façon qu'il puisse réussir.*

de manière que : ne dites pas : *de manière à ce que.*
Dites : *de manière que.*

aimer que : ne dites pas : *aimer à ce que.*
Dites : *aimer que.*
Dites aussi : *consentir que, demander que, prendre garde que, s'attendre que, informer que, se rendre compte que, se plaindre que.*
Mais ne dites pas : *veiller que.*
Dites : *veiller à ce que.*

après que : à la différence de *avant que,* qui implique une notion d'éventualité, *après que* se construit normalement avec l'indicatif.
On dira : *après qu'il fut parti, que nous*

fûmes partis et non « *après qu'il soit parti* ».

bien que : ne dites pas : *malgré qu'il fût fatigué, il termina la course.*
Dites : *bien qu'il fût fatigué...* ou *quoiqu'il fût fatigué...* Malgré que n'est pas correct. Employer : *bien que* ou *quoique.*

car et **en effet** sont généralement synonymes. C'est une faute de les employer ensemble.
Ne dites pas : *rentrons, car en effet la nuit tombe.*
Dites : *rentrons, car la nuit tombe* ou *rentrons, en effet, la nuit tombe.*

d'autant plus que : ne dites pas : *ce voyage par chemin de fer nous parut long surtout que nous étions sur les roues.*
Dites : *d'autant plus que nous étions sur les roues. Surtout que* est à éviter.

sans que doit se construire sans « *ne* », même s'il est suivi d'un mot comme *aucun, personne, rien, qui,* dans ces phrases, ont un sens positif.
On dira : *sans que personne puisse s'y opposer,* et non : *sans que personne* « *ne* » *puisse s'y opposer.*

CHAPITRE 10

LE VERBE ET LA PRÉPOSITION

1. Certains verbes se construisent indifféremment avec **à** ou **de** devant un infinitif complément. Il n'y a aucune nuance de sens entre *commencer à* et *commencer de, continuer à* et *continuer de, contraindre à* et *contraindre de, forcer à* et *forcer de, obliger à* et *obliger de.*

On peut dire :

> ▶ *Le vent continue à souffler* ou *de souffler.*

En revanche, certains verbes appellent **à** ou **de** devant l'infinitif complément quand ils veulent marquer un sens différent.

> ▶ **S'occuper à** : *c'est travailler matériellement à une chose :* il s'occupe à bêcher son jardin.

> ▶ **S'occuper de** : *c'est penser à une chose, c'est se livrer à une opération intellectuelle :* il s'occupe d'écrire un roman.

2. Quand le complément est un nom, certains verbes peuvent également, sans nuance de sens, se construire avec des prépositions différentes.
On dit indifféremment : *se fiancer à* ou *avec quelqu'un.*

• En revanche, le sens peut commander un changement de préposition :

> ▶ rêver de : *c'est voir pendant le sommeil.*
> rêver à : *c'est méditer à l'état de veille, songer à...*

> ▶ rire à quelqu'un : *c'est lui sourire avec bienveillance.*
> rire de quelqu'un : *c'est se moquer de lui.*

CHAPITRE 11

ÉVITEZ LES PLÉONASMES

Les pléonasmes sont des figures de grammaire qui consistent à employer des termes superflus pour donner plus de force à l'idée exprimée :

▶ Je l'ai **vu,** dis-je, **vu,** de **mes propres yeux vu.** (MOLIÈRE.)

▶ Ne l'avait-il pas **vu,** de ses **yeux vu,** ce matin... ? (A. GIDE.)

Mais ces termes superflus sont bien souvent inutiles, ils n'ajoutent rien à l'idée exprimée. Le pléonasme est alors une grave faute de langage.

• **Évitez les expressions comme celles-ci :**

▶ Monter en haut, descendre en bas, marcher à pied, voler dans l'air, nager dans l'eau, entendre de ses oreilles, voir de ses yeux, trois heures d'horloge ou de temps, fausse perruque, puis ensuite, construire une maison neuve, préparer d'avance, prévoir avant, collaborer ensemble, comparer ensemble, se réunir ensemble, s'entraider mutuellement, reculer en arrière, suivre derrière...

INDEX ALPHABÉTIQUE

Les numéros renvoient aux pages.

M

N

O

TABLE DES MATIÈRES

PREMIÈRE PARTIE
ORTHOGRAPHE GRAMMATICALE

DEUXIÈME PARTIE
CONJUGAISON

TROISIÈME PARTIE

ORTHOGRAPHE D'USAGE

QUATRIÈME PARTIE

ORTHOGRAPHE ET LANGAGE

Imprimé en France par BRODARD GRAPHIQUE — Coulommiers HA/4330/2
Dépôt légal n° 2170-03-1989 - Collection n° 09 - Édition n° 07

16/5388/0